百部青少年爱国主义教育读本

永·远·的·丰·碑·系·列

全国爱国主义教育基地·豫皖赣卷

董圣洁◎编著

团结出版社

图书在版编目（CIP）数据

全国爱国主义教育基地. 豫皖赣卷 / 董圣洁编著. -- 北京 : 团结出版社, 2013.4 （2021.6 重印）
（百部青少年爱国主义教育读本. 永远的丰碑系列）
ISBN 978-7-5126-1726-1

Ⅰ. ①全… Ⅱ. ①董… Ⅲ. ①爱国主义教育 - 中国 - 青年读物②爱国主义教育 - 中国 - 少年读物 Ⅳ. ①D647-49

中国版本图书馆 CIP 数据核字(2013)第 065626 号

出　版：团结出版社
（北京市东城区东皇城根南街 84 号　邮编：100006）
电　话：(010)65228880　65244790
E-mail：65244790@163.com
经　销：全国新华书店
印　制：三河市信达兴印刷有限公司

开　本：710×1000 毫米　1/16
印　张：10
字　数：140 千字
版　次：2013 年 4 月　第 1 版
印　次：2021 年 6 月　第 2 次印刷

书　号：978-7-5126-1726-1 / D.351
定　价：36.00 元

写在“百部青少年爱国主义教育读本”书前

中国人民大学中共党史系主任、博士生导师
中国中共党史人物研究会副会长
杨凤城

十年树木，百年树人。

对青少年进行爱国主义教育需要从长计议。今天的信息技术还在高速发展中，传播速度极为惊人，世界范围内的各种思想文化在人们的精神世界中相互激荡碰撞。弘扬和培育以爱国主义为核心的民族精神，是国民教育的重要任务，务必在精神文明建设过程中一以贯之，不容忽视，更不得有一丝松懈。

大处着眼，一个民族的精神必须适应时代发展的潮流，跟得上历史进程的趋势。小处着手，爱国主义教育尤其是对青少年的爱国主义教育工作，务必落实下来，落到实处，并且需要一个饶有兴味的形式呈现出来。惟其如此，爱国主义的精神气脉才能入乎眼耳，存乎心胸，真正成为个体生命的一部分。

中国人民百年来反对外来侵略和压迫，反抗腐朽统治，争取民族独立和解放，前赴后继，浴血奋斗的精神和业绩，可谓感天动地；中国共产党领导全国人民为建立新中国而英勇奋斗的崇高精神和光辉业绩，可与日月同辉。中国历史上尤其是中国近现代史上涌现出的著名爱国者、民族英雄、革命先烈和杰出人物，以及新中国成立以后涌现出的许许多多的英雄模范人物，他们是青少年爱国主义教育中最新鲜、最活泼、最具说服力的素材。

因此，对青少年推进行之有效的爱国主义教育，要突出和加强中国近现代史，尤其是中国共产党诞生之后的革命主题和红色主旋律的宣传。

“百部青少年爱国主义教育读本”系列丛书，以“弘扬红色主旋律”、“结合现实问题”为原则进行编写，紧紧围绕爱国主义教育的核心价值体系——爱党、爱祖国、爱社会主义，从历史到现实，从物质文明到精神文明，从自然风光到物产资源，对最广大的青少年进行丰富多彩、生动活泼的爱国主义教育，可谓正当其时，难能可贵。

眼前的系列读本，不禁让人眼前一亮，心生喜悦。编著者极力求其“真”——尊重史实的前提下，用生动活泼的语言讲述一个个真实可感的故事；尽力得其“趣”——饱含深情的语句让人物、事件在书中“活”了起来，“动”了起来，革命前辈的精神气息、信念品格扑面而来，感染着我们，感动着我们；竭力求其“美”——体例结构精心设计，又有大量珍贵历史图片资料作为辅助，更符合青少年的阅读习惯。一项项尽心尽力的创意和编辑工作，充分保证了这一系列读本的阅读价值。

寄望能通过快乐的阅读、有效的阅读，让孩子们的心灵之镜更明亮，让年轻一代的精神家园更加美好！

是为序。

2012 年 9 月 26 日

目 录

Contents >>>

河南省

林州红旗渠纪念馆 …… 2
兰考焦裕禄烈士陵园 …… 7
安阳殷墟博物院 …… 12
新县革命纪念地 …… 19
河南博物院 …… 23
杨靖宇将军纪念馆 …… 27
镇平彭雪枫纪念馆 …… 30
吉鸿昌将军纪念馆 …… 34
濮阳单拐革命旧址 …… 41
商丘淮海战役陈官庄烈士陵园 …… 47
驻马店确山竹沟革命纪念馆 …… 52

安徽省

陶行知纪念馆 …… 58
新四军军部旧址纪念馆及皖南事变烈士陵园 …… 62

王稼祥纪念园 …………………………………………………… 67
淮海战役双堆集烈士陵园 ………………………………………… 72
安徽省博物馆 …………………………………………………… 78
金寨革命烈士陵园 ……………………………………………… 81
渡江战役总前委旧址纪念馆 …………………………………… 86
合肥蜀山烈士陵园 ……………………………………………… 91
皖西烈士陵园 …………………………………………………… 94

江西省

安源路况工人运动纪念馆 ………………………………………… 98
南昌八一起义纪念馆 …………………………………………… 101
井冈山革命纪念地 ……………………………………………… 106
瑞金中央革命根据地纪念馆 …………………………………… 111
秋收起义纪念地 ………………………………………………… 116
永新三湾改编旧址 ……………………………………………… 120
兴国革命历史纪念地 …………………………………………… 123
上饶集中营革命烈士陵园 ……………………………………… 127
方志敏纪念馆 …………………………………………………… 132
于都革命烈士纪念馆及中央红军长征第一渡纪念碑园 ……… 136
江西革命烈士纪念堂 …………………………………………… 139
东固革命根据地旧址群 ………………………………………… 143
中国工农红军北上抗日先遣队纪念馆（碑）………………… 147
闽浙皖赣革命根据地旧址群 …………………………………… 150

参考文献 ………………………………………… 154

河南省

河南位于中国中东部、黄河中下游。因大部地区位于黄河以南，故称河南。《尚书·禹贡》将天下分为『九州』河南地处九州之中，故有『中原』之称。河南是中华民族文化的发祥地之一，曾有10多个朝代，200多位帝王在此建都，山河壮丽，历史厚重。在社会主义革命和建设、改革开放的各个历史时期，河南省也涌现出了一大批先进典型，激励着一代代中华儿女，勇往直前，奋发进取。

一处处文物遗址和革命圣地至今仍闪耀着耀眼光芒，矗立在河南的大地上。现在让我们通过这些爱国主义教育基地，穿越时空，回顾河南灿烂、辉煌的历史。

林州红旗渠纪念馆

纪念馆简介

20世纪60年代，河南省林县人民为改变当地缺水的现状，修建了被称为“世界第八大奇迹”的红旗渠。1970年，为了纪念这一伟大工程，林县斥资建造了红旗渠纪念馆。1997年，林州红旗渠纪念馆被中宣部公布为第一批全国爱国主义教育示范基地。

红旗渠纪念馆占地总面积5平方公里，包含“分水苑”、“青年洞”、“络丝潭”三个部分。

分水苑位于林州市北19公里处，主要由分水苑牌楼、分水闸、碑林、红旗渠纪念亭等组成。在红旗渠纪念亭里陈列着许多珍贵的展品，

◎红旗渠纪念馆

有红旗渠电控模型，有介绍红旗渠的珍贵照片，还有当年人们修建红旗渠时所使用的工具，而碑林则记载了红旗渠修建的全过程。

◎分水闸

从分水苑乘车上行 30 公里，就来到了青年洞，此地因参与凿洞的突击队是从全县民工中抽调出来的 300 名优秀青年而得名。青年洞洞长 623 米，高 5 米，宽 6.2 米。站在巍峨雄壮的太行山绝壁之上，俯瞰让人胆战心惊的“铁索桥”和“凌空栈道”，可以感受到林县人民艰苦创业的雄心壮志，也让人不禁感慨他们的伟

◎青年洞

◎络丝潭

大创举。

络丝潭位于青年洞往西约 1 公里的地方，也叫“天桥断”。夏天雨水多的时候，这里的河水会暴涨，然后从悬崖跌落水潭，形成瀑布，十分壮观。峡谷上面有一架铁索桥，连通河北和河南两省。

红旗渠的故事

山西省石城镇位于山西、山东、河南三省的交界处。这里四季分明、雨量充沛，还有浊漳河贯穿全镇东西，无论是地理条件，还是自然气候，都十分适合农作物的生长。而与它隔山相望的林县，却是河南省有名的贫困县。多少年来，林县一直流传着这样一句话“水缺贵如油，十年九不收”，恶劣的自然条件可见一斑。

新中国成立后，中共林县县委为了改变林县水资源匮乏、粮食产量低的境况，做出了“引漳入林”的重大决策，决定把浊漳河水引入林县。

1960 年 2 月，全县组织起 10 万人参与修渠建设。在中国共产党的领导下，全县人民发扬“自力更生，艰苦奋斗”的精神，终日奋战在太行山的悬崖峭壁之上。

1960 年的春天，乍暖还寒，红旗渠首座拦河坝工程正在修建之中，95 米的坝体只剩下 10 米宽的龙口尚未合拢，咆哮的河水却让人望而却步。为了按时完成这项工程，林县 500 多名共产党员、共青团员奋不顾身地跳进寒气逼人的激流中，手挽着手排起了 3 道人墙。所有人高唱着《团结就是力量》，最终挡住了汹涌的河水，使这一工程得以按时结束。

同年 11 月，由于自然灾害，红旗渠总干渠暂时停工。为了早日将浊漳河水引入林县，林县建渠干部坚持“宁愿苦战，不愿苦熬”的政策，并立即从各个公社挑选了 300 名优秀青年，组成突击队继续施工。当时由于国家经济困难，口粮根本不够吃，为了填饱肚子，大家只好挖野菜充饥。后来好多人都因为吃不饱，得了浮肿病，但他们不肯撤下去，仍然在凶险的太行山腰上奋战。

修建红旗渠的代价是巨大的，太行山的山体结构破碎，塌方是经常的事。在这 10 年的时间里，有 189 名英雄儿女为建渠献出了宝贵的生命，其中年龄最大的 60 岁，最小的只有 17 岁。林县人民用自己的血肉之躯开凿出了这条人工“天河”。

红旗渠改变了林县恶劣的自然和生存环境，林县人民世代居住的这片贫瘠的土地，从此旧貌换新颜。红旗渠解决了全县 56.7 万人口、37 万家畜的饮水和 3.6 万公顷农田的灌溉问题，粮食单产量比以前提高了 4 倍，从前的荒山野岭也变成了绿树成荫的果园。农业的发展也带动了工业、交通、能源、建筑等行业。林县终于摆脱了以前贫困的状况，红旗渠也因此被当地人民亲切地称为“幸福渠”。

精神永驻

红旗渠建成后，震惊了全世界，并被誉为“世界第八大奇迹”。这个“敢叫天地换新颜”的伟大工程犹如一座丰碑，充分展现出了中国共产党和新时代农民，在利用和改造大自然中所显现出来的伟大创造力，更孕育了“自力更生，艰苦奋斗，团结协作，无私奉献”的红旗渠精神。

在轰轰烈烈的水利兴建浪潮中，10 万勤劳勇敢的林县人民，靠最原始的工具苦战 10 个春秋。他们在太行山上是逢山开洞、遇沟架桥，硬是削平了 1250 座山头，开凿了 211 个岩洞，跨越 270 多条河沟，修建 151 座渡槽，并且还沿渠建造了 50 座中小型水库，才最终开凿出这条总长 70.6 公里，总灌区渠道累计长 4013.6 公里的“人工天河”。有人曾经做过这样一个计算：如果把建设红旗渠所挖的石块砌成高 3 米，宽 2 米的墙，那么可以从广州一直连接到哈尔滨。

周恩来曾自豪地告诉国际友人：“新中国有两个奇迹，一个是南京长江大桥，一个是林县红旗渠。”

今天，红旗渠已经不仅仅是一个水利工程，还是一个地标，一种精神。

◎红旗渠纪念碑

2004 年 10 月 7 日，国家博物馆推出了“红旗渠精神展”，一幅幅历史照片，一个个沙盘模型，一件件林县人民当年用过的生活用品，似乎已经把人们带到了那个火红的年代。55 岁的劳模郭秋英指着展出的干野菜，回忆道：“那个时候生活很困难，没有饭吃，就派人到处挖野菜煮着吃。肚子虽然饿得瘪瘪的，可没有一个人说不干了。当时大家的想法都很简单，就想只要我们苦干一辈子，后代就能享福了。”

“蓝天白云做棉被，大地荒草当

绒毡。高山为我放岗哨，漳河流水催我眠！”当年红旗渠青年的豪迈与乐观，至今仍感染着一代又一代的青年人。

兰考焦裕禄烈士陵园

陵园简介

焦裕禄烈士陵园位于兰考县城北侧的黄河故堤之上，紧靠兰考菏泽公路，占地面积 60000 平方米，这里是县委书记的好榜样——焦裕禄长眠的地方。1997 年，该陵园被中宣部公布为第一批全国爱国主义教育示范基地。

焦裕禄陵园建成于 1966 年 2 月，陵园包括焦裕禄烈士墓、焦裕禄同志纪念馆、革命烈士纪念碑三个区。

踏入陵园大门，可以看到一座高 19.64 米的焦裕禄烈士纪念碑。碑座上的大型浮雕，展现了焦裕禄“访贫问苦”、“查三害”等感人情景。

墓区位于纪念碑北侧，占地面积 210 平方米，墓身和墓碑为汉白

◎焦裕禄烈士陵园

◎焦裕禄烈士纪念碑

玉大理石砌成。墓碑的后方有一块 4.6 米高的屏风墙，上面雕刻着毛泽东的题词“为人民而死，虽死犹荣。”

顺着墓区西行，映入眼帘的是焦裕禄事迹陈列馆。陈列馆占地面积 2100 平方米，由序厅、展厅、放映厅、贵宾厅、服务部 5 个部分组成。序厅正中央是焦裕禄的半身铜像，主展厅内陈列着焦裕禄生前用过的 86 件物品和 200 余幅照片，放映厅定时放映记录焦裕禄生前事迹的录像片。

人民的好公仆

1964 年 5 月 14 日，焦裕禄因患肝癌去世。临终前他说出了自己的最后一个要求：“把我运回兰考，埋在沙滩上。活着我没有治好沙丘，死了也要看着你们把沙丘治好。”

兰考县地处豫东平原，紧靠黄河故道，是个饱受风沙、盐碱、内涝之患的老灾区，新国中成立以来，也一直是国家重点扶持的贫困县。1962 年，兰考频频受灾，先是被春天的风沙打没了 20 万亩麦子。紧接着又赶上了水灾，决堤的黄河水又淹毁了 30 万亩庄稼。兰考人的日子

◎焦裕禄烈士墓

◎焦裕禄纪念馆

是越来越难过。

1962 年 12 月，焦裕禄被调到兰考担任县委书记。上任第二天，他就骑着辆自行车下乡考察。虽然在来之前，焦裕禄已经对兰考的情况有所了解，知道这里的人民生活艰苦，但当他第一次来到村民中间的时候，还是为兰考的穷困程度所惊呆。

那个年代，如果能在兰考人的饭桌上见到红薯片掺糠，那就算是好东西了，连刚刚生完孩子的妇女都照样喝米汤。村里的孩子因为饥饿，四肢干瘦，肚子却高高隆起。焦裕禄看到村里贫困的现状，看到正在受苦受难的乡亲，心里十分难受。他下定决心，一定要把兰考治理好。

在担任兰考县委书记期间，焦裕禄骑着自行车跑遍了全县 149 个大队。直到今天，还有很多兰考人记得焦裕禄满头大汗地推着自行车走进村里的样子。而兰考最穷的地方，也一定是他去的最多的地方。

老百姓家里的牲口棚是焦裕禄最关心的地方，要干农活就少不了这些好帮手。当时兰考有一个饲养员，喂养牲口很有一手。焦裕禄为了跟他学习经验，经常住在他家的牲口棚里。

1963 年春节前，县委办公室的一位工作人员给焦裕禄家送去了几斤肉，焦裕禄问他："是人人都有份吗？"这位工作人员答道："要过年了，这是特意照顾几个领导同志的。"焦裕禄听完之后，便对这个工作人员说："谢谢你了，我家已经买肉了，请你把这个给更需要的同志送去吧。"

不久，国家拨给兰考的救灾物资到了，可几天过去也不见相关人员发放这些物资。焦裕禄二话不说，领着县里的领导干部前往火车站。等到了火车站，焦裕禄才发现，救灾物资已经在这里堆积了七八天。而当地的灾民却在数九寒冬身着单衣，等待着乘火车到外地谋生！焦裕禄的内心十分气愤，他立即组织人员到火车站发放救灾物资，并且取消了所有县委干部的供应证。

又是一年冬天，国家给兰考县拨来一批救济棉花。工作人员看焦裕禄的棉袄都是补丁摞补丁，就决定照顾他家 3 斤棉花。当天晚上下班回家，焦裕禄的妻子就把这件事告诉了丈夫。焦裕禄一听又是"照顾"自己的，当下就表示要把这 3 斤棉花票送回去。他对妻子说："我知道，这几年你没少缝补咱家的衣服和被子，可是兰考现在还有很多人家没有过冬的衣服穿，这些救灾物资是给乡亲们的，咱们不能要。"

◎焦裕禄雕像

在带领全县人民封沙、治水、改地的斗争中，焦裕禄从来都是身先士卒。风沙最大的时候，他带头去查风口、探流沙。大雨倾盆的时候，他趟着齐腰的水查看洪水流势。风雪肆虐的时候，他率领干部到各家各户去慰问，亲自送去国家拨来的救济粮款。

焦裕禄的肝脏一直不好，犯病的时候，他经常疼得连腰都直不起来。每当这个时候，他就用手或硬物顶在疼痛的位置上，继续工作，直到被强行送进医院。

1964 年 5 月 14 日，42 岁的焦裕禄因患肝癌去世。在生命的最后时间里，他仍然心心念念在兰考的工作。

榜样的力量

1964 年 5 月 22 日，兰考县人民在县大礼堂为焦裕禄召开了隆重的追悼大会。十里八乡的乡亲们全都赶到这里，想送焦书记最后一程。礼堂里站不下这么多人，大家就站在礼堂外面，站在马路上。到最后，整条街都挤满了来给焦裕禄送葬的人。

11 月，中共河南省委号召全省干部学习焦裕禄忠心耿耿为党为人民工作的革命精神。1966 年 2 月，新华社发表了长篇通讯《县委书记的好榜样——焦裕禄》，全面介绍了焦裕禄的感人事迹。随后，全国各种报刊先后刊登了数十篇文章通讯，焦裕禄成为了全国各级干部特别是领导干部学习的榜样。

时隔多年，1990 年 5 月 10 日，《人民日报》发表了《领导干部要学焦裕禄》的社论，中国的大地上再次掀起了学习焦裕禄的热潮。1990 年，电影《焦裕禄》在全国上映。2012 年 10 月，35 集电视剧《焦裕禄》在中央电视台一套热播。

有些人活着，他已经死了，有些人死了，却还活着。无论过去多少年，人民永远不会忘记这位兰考县的好书记。

安阳殷墟博物院

博物院简介

安阳殷墟博物院在河南安阳西北，地处黄河中游冲积平原，洹水之滨。博物院总建筑面积达 3535 平方米，展厅面积 2354 平方米，并附有文物库房、研究室、报告厅等设施。

◎安阳殷墟博物院

从平面上看，殷墟博物院酷似甲骨文的“洹”字，象征着洹水在孕育商代文明中的重要作用。

博物院大门为仿商代古建大门，以红、黑两色为主色调，三门并立。进入大门，一尊大鼎伫立在内广场中央，这便是出土于安阳的后母戊大鼎的仿制品。大鼎后方是刻着“甲骨文发现地”几个大字的石碑。

博物院展出了中国社会科学院考古研究所自新中国成立以来在殷墟发掘出土的一系列文物精品，包括陶器、青铜器、玉器及甲骨文等国宝级文物共500多件。

2001年3月，国内48家权威考古机构评选出了“中国20世纪100项考古大发现”，殷墟以最高票数名列榜首。1997年，殷墟博物馆被中宣部公布为第一批全国爱国主义教育示范基地。

考古发现

商王朝是中国历史上的第二个朝代，夏朝部落首领商汤是商王朝的开国君主，在经历17代31王之后，末代君主商纣王被周武王击败，商朝就此灭亡。商朝处于奴隶制的鼎盛时期，并且形成了庞大的官僚统治机构和军队。除此之外，商王朝也有着十分野蛮和残忍的制度，

◎殷墟宫殿宗庙遗址

◎殷墟王陵遗址

比如奴隶主可以随意买卖或处死奴隶，奴隶主死后，还要用活人殉葬。

在很长的一段时间里，人们只能从一些历史文献中找到与商王朝有关的记载，并没有实物可以证明这个王朝的真实存在。直到 1928 年，中国学术机构开始独立主持考古发掘。人们先后在殷墟发现了 110 多座商代宫殿宗庙遗址，12 座王陵大墓，2500 多座祭祀坑和众多的族邑聚落遗址，家族墓地群，手工业作坊遗址，甲骨窖穴等。殷墟遗址展现出了 3000 多年前中国都城的风貌，证明了商王朝的存在。

殷墟王陵遗址是商王朝的陵墓和祭祀场所，也是中国至今为止发现的最早最完整的王陵墓葬群。殷墟王陵遗址总面积达 11.3 公顷，共有 12 座王陵大墓，2500 多座祭祀坑。陵墓多为“亚”、“中”、“甲”字形，墓室宏大，形制壮阔，面积最大的达到 1803 平方米，深 15 米。墓内的棺椁木料十分奢华，随葬器物精美异常，显示出墓主人的尊贵和威严。

妇好墓是至今为止殷墟遗址中最重要的考古发现之一，也是殷墟科学发掘以来发现的唯一保存完整的商代王室成员墓葬。妇好墓口长 5.6 米，宽 4 米，深 7.5 米。墓上建有被甲骨卜辞称为“母辛宗”的享堂。墓室中的随葬品不仅数量巨大，种类丰富，而且造型新颖，工艺

◎安阳殷墟妇好墓

精湛，充分反映了商朝高度发达的手工业制造水平。至今为止，妇好墓一共出土了1928件精美的随葬品，其中有青铜器468件，玉器755件，骨器564件，海贝6800枚。除此之外，也有可以证实当时残酷奴隶制度的16个殉葬者。

由于此墓中大部分青铜器上都刻着“妇好”的铭文，在依据此墓的地层关系，考古学者认定墓主人为商王武丁的妻子——妇好。而妇好墓也是现在唯一与甲骨文有所联系，且可以断定年代、墓主人、及其身份的商王室成员墓葬。

自从中国开始系统挖掘殷墟遗址开始，商朝的车马坑就屡次被发现。殷墟车马坑以及道路遗存，向人们展示了中国古代道理交通的基本雏形。除此之外，车马坑的发现对人们研究商王朝社会的阶级、等级关系、亲族制度、埋葬习俗及工艺水平等都十分有帮助。

◎殷墟车马坑

中国大地幅员辽阔，蓄力

车是古人最重要的交通工具之一，殷墟考古发现的殷墟车马坑是至今为止中国发现的最早的蓄力车实物遗存，它也证明了，中国是世界上最早发明和使用车的文明古国之一。

珍贵文物

殷墟从 1928 年开始科学发掘以来，人们就在其中发现了大量的文化遗存，其中又以后母戊鼎和甲骨文最负盛名。

与世界上的其他文明古国相比较，商王朝的青铜文化有着鲜明的中国特色。商朝的贵族以青铜礼器为基础，发展出了一套以等级为核心的礼制制度，并从此在中国延续了数千年，这是全世界青铜文明中绝无仅有的。

殷墟出土的青铜器种类繁多，器形厚重，纹饰繁缛，铸造工艺更是达到了前所未有的水平。其中以王陵遗址出土的后母戊鼎最为有名，后母戊大鼎高 133 厘米，器口长 79.2 厘米，重达 875 公斤，代表了中国古代青铜文化的最高水平，后母戊鼎现藏于中国国家博物馆。大鼎造型庞大雄浑，通体以雷纹为底纹，饕餮纹、夔龙纹为主体装饰，给人以稳重、庄严而又神秘的感觉。

◎后母戊鼎

后母戊鼎是目前世界上发现的最大的青铜器，也是古代科技与艺术、雕塑的完美结合。而在殷墟的出土文物中，能与后母戊鼎相提并论的，就只有甲骨文了。

甲骨文是中国目前已知最早的系统文字形式，也是世界四大古文字之一。甲骨文具备了象形、指事、会意、形声、转注、假借等造字方法，它宣告着中国古代的文字系统已经进入了成熟阶段。虽然后来甲骨文又经历了金文、篆书、隶书、楷书等书体的改变，但是以形、音、字、义为特征的文字和基本语法都得以保留下来，成为了四大古文字中唯一传承至今的文字。

中国古代的甲骨占卜有着悠久的历史，而商朝正是占卜最鼎盛的时期，商王室和商朝贵族几乎在做每件事之前，都要占卜一番，殷墟甲骨文正是商王朝占卜的记录。甲骨的纳贡、收贮、整治、钻凿，以及占卜的方法、程序和卜辞的语法等等，形成了一套严格而有系统的制度。

根据甲骨文的记载，商王朝已经有了专门掌管占卜和记录的人。占卜内容包括祭祀、天象、年成、征伐、王事，甚至还涉及游猎、疾病、做梦、生子等等。商朝灭亡之后，甲骨占卜渐渐失去了原先的地

◎甲骨文

位。殷墟甲骨文的发现，证实了已经不复存在的商朝占卜制度，为研究中国文化史提供了重要的材料。

至今为止，从殷墟遗址中，一共发现了大约 15 万片甲骨，4500 多个单字。而其中 1500 个单字已经被识别了出来，这些文字经过 3000 年的演变，最终成为了今天世界上五分之一的人口都在使用的汉字。这些方块字，不仅对中国人的思维方式和审美观产生了重要的影响，也在传播汉文化，促成国家统一方面产生了重要的作用。

盘庚迁殷

商王的传位制度是兄终弟及。因此，当商王朝第十九个王——阳甲死后，他的弟弟盘庚便登上了王位。

在即位之初，盘庚就面临着种种考验。此时的商王朝已经进入中衰时期，王世子弟为了争夺王位时常发生冲突，贵族间的矛盾不断激化，政局动荡不安。

贵族大臣们为了强化自己的势力，四处聚敛财富，导致王权被削弱。另一方面，原来臣服于商王室的方国，也纷纷开始入侵商朝的土地，商朝开始日渐衰落。

为了摆脱这种困境，盘庚决定渡过黄河，建立新的都城。就在盘庚开始为迁都一事做准备的时候，朝中的贵族大臣言辞激烈地表示反对迁都。原来，这些贵族们是舍不得他们的家产和土地。不过，盘庚是个意志坚定的人，他并没有因为这些人的反对而动摇。

贵族为了阻止盘庚迁都，到处散播谣言，鼓动民众对迁都的不满情绪。盘庚得知这件事后，立即对百姓发出了劝告，号召大家齐心协力，渡过难关。在盘庚的努力下，这场大迁徙终于开始了。

盘庚率领着商王朝的臣民们，沿着黄河向西转移。在黄河渡口，他们登上了早已准备好的船只，向着对岸慢慢驶去。通过艰难的长途跋涉，商王朝的人民最终在盘庚的带领下来到了殷，这里即将成为他

们的新都城。

盘庚迁殷后，进行了一系列的改革。他大力发展经济，使得商朝的农业、手工业、商业和文化都有了长足的进步。从此，商王朝结束了动荡的岁月，迎来了一个高速发展的新时期，成为了当时世界上首屈一指的奴隶制文明大国。而殷，也成为了商朝后期全国的政治经济文化中心。

新县革命纪念地

旧址概括

新县地处大别山腹地，原称新集，位于湖北、河南、安徽三省的交界处。

第二次国内革命战争时期，新县是鄂豫皖革命根据地首府。红四方面军、红 25 军、红 28 军先后在这里诞生。在艰苦卓绝的革命斗争中，新县 5.5 万英雄儿女献出了宝贵的生命，占全县总人口的五分之三。

◎中共中央鄂豫皖分局旧址

新县革命纪念地主要包括中共中央鄂豫皖分局、鄂豫皖军委、鄂豫皖苏区首府革命博物馆、鄂豫皖苏区烈士陵园、箭厂河革命旧址等。现存的革命旧址和纪念馆保留了当时的原貌，再现了当年鄂豫皖

◎鄂豫皖苏区烈士陵园

革命根据地的红色历史。

2001 年，新县革命纪念地被中宣部公布为第二批全国爱国主义教育示范基地。

中共中央鄂豫皖分局旧址位于河南省新县城首府路 27 号，大门上悬挂着一块匾额，上书“中共中央鄂豫皖分局旧址”几个大字，为徐向前（时任红四方面军总指挥）在 1980 年题写。旧址共有 5 排房屋，每排 7 间。旧址东西长 90 米，南北宽 22 米，总面积 1980 平方米，是鄂豫皖革命根据地旧址群的重要组成部分。

分局旧址第一排房屋南侧 3 间曾是成仿吾（时任鄂豫皖省委常委、宣传部长）的办公室兼卧室，北侧 3 间曾为陈昌浩（时任鄂豫皖分局委员兼共青团鄂豫皖分局书记）的办公室兼卧室。第二排南侧 3 间，曾是沈泽民（时任鄂豫皖分局常委）的办公室兼卧室，北侧三间，曾为郭述申（时任鄂豫皖分局委员）的办公室兼卧室。

鄂豫皖军委及红四方面军总部旧址位于鄂豫皖分局旧址对面，这里原是一家地主的宅院。大门上方悬挂着写有“红四方面军总部旧址”的匾额，这里原有房屋 7 栋 60 间，如今已经按照原貌修复了 3 栋 26 间。这些房屋被分隔成 5 个方形院落，中部有一条长廊相连。总部设有参谋部、政治部、秘书处等，徐向前、陈昌浩等人都曾经在这里办

◎鄂豫皖苏区首府革命博物馆

◎红四方面军总部旧址

公和居住过。

鄂豫皖苏区首府革命博物馆位于新县县城东南英雄山下，建于1984年，占地面积30000平方米，建筑面积3380平方米。

博物馆由英雄广场、“红旗飘飘”主题雕塑、兵器园、主展馆、将帅馆五部分组成。

主展馆共有8个展厅，分为基本陈列和专题陈列两个部分。基本陈列为《风云大别山》和专题陈列包括《将军摇篮》、《千里跃进大别山》、

《今日新县》等，馆内还陈列有中国工农红军的第一架飞机“列宁号”。

基本陈列《风云大别山》，反映了鄂豫皖革命根据地经历创建与统一、巩固与发展、坚持与保卫等几个阶段，直到迎来全国革命胜利的历史。这个基本陈列一共包含四个部分。

第一部分是“奋起斗争，鄂豫皖苏区初步形成”。第二部分是“大放异彩，新集成为鄂豫皖苏区首府”。第三部分是“重组红军，坚持大别山的斗争”。第四部分是“红旗不倒，迎接全国革命胜利”。

红色新县

20 世纪 20 年代，随着共产主义在中国的兴起，新县的一批青年学生——吴焕先、王志仁等人，接受了中国共产党的革命思想。1926 年秋天，吴焕先回到家乡，在四角曹门村里的一颗大松树底下，建立了新县第一个党小组。不久，吴焕先、王志仁等人又在附近的几个地区建立起了新县第一批农民协会。同年冬天，吴焕先在箭厂河乡开办了鄂豫皖边区第一批农民协会“三堂革命红学”。之后，这个农民协会逐渐发展壮大，成为了黄麻起义的生力军。而后来的红四方面军也正是以这支队伍为基础发展起来的。

1930 年 3 月，中共中央为统一鄂豫边、豫东南、皖西北等根据地，在新县箭厂河召开了中共鄂豫皖边区党的代表会议。中共鄂豫边特委在会上成立，郭述申被推选为书记。红 11 军 31、32、33 师统一整编为中国工农红军第 1 军，许继慎任军长，徐向前任副军长，曹大骏任政委。6 月下旬，鄂豫皖边区第一次工农兵代表大会在陈店王湾召开，会上选举产生了鄂豫皖边区苏维埃政府，甘元景被推选为政府主席。鄂豫皖边区党政军的统一，标志着鄂豫皖革命根据地的正式形成。

1931 年 2 月，红 4 军 10 师 30 团团长王树声率领红军攻克新集，不久，鄂豫皖根据地的党政领导机关相继迁至此地，这里从此成为鄂豫皖的政治、经济、文化中心。5 月 12 日，中共中央鄂豫皖分局在新

集正式成立。不久，中共中央为方便工作，又组成了鄂豫皖省委。

鄂豫皖分局和省委成立后，领导鄂豫皖人民在军事斗争中取得一个又一个胜利，连续粉碎了敌人第一次、第二次和第三次“围剿”。与此同时，鄂豫皖苏区的经济文化建设和土地革命运动也逐渐开展起来。

1932 年夏天，国民党调集重兵对鄂豫皖发动了第四次“围剿”。由于张国焘的“左”倾冒险主义，导致红军在第四次反“围剿”斗争中失利。1932 年 9 月 9 日，新集沦陷，鄂豫皖分局被迫撤离。

红四方面军主力西征转移后，国民党军队对这里的人民进行了野蛮的蹂躏和摧残。但这些没有吓倒苏区人民。他们在党的领导下，英勇地投入新战斗，配合重建的红 25 军和 28 军为保卫苏区进行了艰苦卓绝的三年游击战争。

抗日战争爆发后，大别山区人民配合新四军与日、伪、顽进行了长期不懈的斗争。抗战胜利后，国民党统治集团发动全面内战，在大别山区人民的全力支持下，人民解放军逐步摧毁了国民党在中原地区的反动统治。

河南博物院

博物院简介

河南博物院最早创建于 1927 年，位于河南开封，是中国建立较早的博物院之一。1961 年，博物馆迁至郑州市农业路。1998 年，河南博物院新馆建成开放，其中文物藏品多达 13 万余件。2001 年，河南博物院被中宣部公布为第二批全国爱国主义教育示范基地。

河南博物院的总占地面积为 10 万平方米，建筑面积 7.8 万平方米。主体建筑由中国最早的天文台遗址——登封元代观星台为原型，经过

◎河南博物院

艺术夸张演绎成戴冠的金字塔造型。建筑总体高 45.5 米，内部有 5 层结构。

博物院内设有基本陈列馆、专题陈列馆、临时展览馆。在馆中的 13 万余件藏品中，有一、二级文物 5000 余件，其中的史前文物、商周青铜器、历代陶瓷器和玉器最具特色。

博物馆变迁

河南博物馆是中国创建较早的博物馆之一。1927 年 6 月，时任国民革命军总司令、河南省政府主席的冯玉祥提出了“教育为立国根本要政”的主张。不久，省政府委派专人成立了筹备委员会，从此，河南博物院就在开封的一间校舍里创办起来。

1928 年 5 月，河南博物馆改名为“民族博物院”，改由省政府直接领导。民族博物院以“启发民众知识、激增革命思想、促进社会文明”为办院宗旨，广泛征集了历史、自然科学、农业、艺术、生理卫生等方面的资料，向民众展出。

1930 年 12 月 1 日，河南省政府将“民族博物院”恢复为“河南博物馆”，并确定为社会教育机关，直属省教育厅领导。12 月 23 日，教

◎河南博物院出土的唐代陶俑

育厅收回民众师范房舍，改为古物陈列室。

1935 年，河南博物馆曾选送藏品到英国伦敦参加“中国艺术国际展览会”展出。1937 年抗日战争爆发，国民党当局将珍贵文物 5200 多件，分装 68 箱运往武汉，后转重庆。1938 年，开封沦陷，日本侵略军以“献铜”、“献铁”名义掠取铜炮、铁钟等文物 168 件。

1948 年，博物馆收藏的一部分文物被国民党政府运往台湾，另外一部分交给故宫博物院，其余仍运回河南博物馆。

中华人民共和国建立后，河南省人民政府任命河南省教育厅厅长曲乃生兼任博物馆馆长。曲乃生上任后，立即组织人员开始整理文物、展室，修缮房舍、设施，进行业务活动，博物馆再次出现生机，蓬勃发展。

1961 年，河南省博物院由开封迁至省会郑州。新馆建筑面积 2.1 万平方米，其中大小陈列厅 20 个，面积约 1 万平方米，库房 3862 平方米，河南博物馆自此有了更好的展览场地。

陈列展览

陈列展览是河南省博物院各项业务工作的中心环节。“民族博物

◎河南博物院出土的司母辛四足觥

馆”时期的《民族模型展览》，是河南博物馆历史上举办的第一次陈列展览。展出后，引起了当时开封各界的轰动。

新中国成立后，河南博物馆再次焕发了勃勃生机。从 1949 年到 1961 年间，博物馆除了举办河南自然环境与资源、河南历史、河南革命文物三个基本陈列外，还举办了数十个与时代相关的展览。

1961 年至 1966 年五六年间，是河南博物馆稳步发展的时期，也是举办展览较多的一个时期。初迁郑州之时，河南博物馆立即与省文物队联合举办了《河南省历史文物展览》，吸引了大批观众，反响热烈。

◎河南博物院出土的莲鹤方壶

1963 年举办的《河南革命文物展览》，以实物、图片、绘画、文字等形式，较为系统地再现了河南革命斗争史。1964 年，举办了迁往郑州后的第一个基本陈列——《河南历史陈列》，集中反映了河南古代的历史概况。

从 1977 年到 1997 年的 20 年间，是河南博物馆大发展的一段时期，陈列展览精彩纷呈、多种多样。期间，河南博物馆逐步确立了全国文物大馆的地位，也真正成为人民群众喜闻乐见的文化园地。1997 年 7 月，河南省政府决定，将中原石刻艺术馆与河南省博物馆合并，成立河南博物院。

河南省博物馆共有藏品 13 万余件，一级品 259 件。大部分藏品是在该省发掘出土的文物，具有鲜明的地方特色和较高的价值，如新郑裴李岗出土的椭圆形四足石磨盘和圆柱状石磨棒，是距今约8000年前的谷物加工工具；郑州商代遗址出土的兽面乳钉纹铜方鼎，通高1米，是商代前期大型礼器；淅川县出土的“王子午”铜鼎有铭文84字，是研究楚文化的标准器物。重要藏品还有战国时代的龙凤纹铜鉴，坐人漆绘灯，汉代的画像石、画像砖、陶建筑明器等等。

◎河南博物院出土的连珠铜纹爵

另外，河南博物馆自创建以来，一直在中原文物如何走出河南、走向世界这个问题上做出积极的努力和尝试。如1935到1936年在英国伦敦举办的《中国艺术国际展览会》。当时，河南博物馆选送的新郑出土的8件青铜器，在伦敦引起轰动，受到海外观众的高度赞扬。

另外，河南博物馆曾经举办和参加的出国展览还有：1980年丹麦、瑞士的《中国珍宝展览》，1985年日本的《中国历代陶俑艺术展》等。

河南博物馆通过举办展览，增强了中国与各国人民之间的友谊，使更多的海外观众进一步了解河南，了解源远流长、博大精深的中原文化。

杨靖宇将军纪念馆

纪念馆简介

杨靖宇将军纪念馆位于河南省驻马店市驿城区古城乡李湾村，位于杨靖宇故居东侧。纪念馆始建于1966年，1981年扩建后正式开放。

◎杨靖宇将军纪念馆

2005年，纪念馆被中宣部公布为第三批全国爱国主义教育示范基地。

纪念馆建筑面积为4466平方米，大门正上方为江泽民于1995题写的馆名“杨靖宇将军纪念馆”。

进入纪念馆大门，首先看到的是位于院中央的杨靖宇雕像，雕像后方是一排展厅。展厅共有9间，陈列有照片、图表、油画等92件展品，系统地介绍杨靖宇的生平事迹。

永远的丰碑

杨靖宇（1905—1940），原名马尚德，河南确山人，1927年加入中国共产党。同年，杨靖宇领导了确山农民起义，创建了确山农民起义军。1929年春天，杨靖宇被中央派往东北，担任中共抚顺特别支部书记。“九一八”事变后，他积极领导东北抗日斗争，带领部队转战南满大地，坚持游击战争，被誉为“不怕困难艰难奋斗之模范”。

在东北抗日战场上，杨靖宇领导的抗联与日军打了14年，有效拖延了日军的侵略步伐，日本关东军总司令武藤信义曾经咬牙切齿地说：“小小的满洲国，大大的杨靖宇”，并发誓一定要活捉杨靖宇。

◎杨靖宇

1939 年，抗日战争进入了僵持阶段，杨靖宇领导的东北抗日联军除了要经历着天气的考验外，还要挺过没有食物供给的日子。临近年底，杨靖宇等东北抗日联军第一路军的主要领导，在桦甸县的头道溜河召开干部会议。根据东南满地区抗日斗争的日益严峻形势，出于保存实力的考虑，会议决定改变集团作战的方式，将部队化整为零，实行分散游击，彻底粉碎敌人的冬季大“讨伐”。会后，杨靖宇率直属队配合一方面军迂回转战在通化、濛江、金川、辉南等地区，牵制敌军主力，以便掩护部队分兵和二、三方面军东移。

1940 年 1 月初，杨靖宇率领 300 多名战士顺利攻下龙泉镇。随后，各方面军根据计划向指定区域分散。期间，杨靖宇遭到叛徒出卖，行迹暴露，很快被日寇追踪。为找到杨靖宇，敌人动用众多兵力，进行密集的搜山行动。

得知敌人搜山的消息，杨靖宇命令部队分散行动，避免被敌人包围。他另带警卫队撤离濛江西部林区，与二方面军会合。途中，杨靖宇和警卫队员们身着单衣，在没有任何食物的情况下，穿梭在千里冰封的林区中，且屡次遭到敌人的袭击。敌人的武器精良，且时常有飞机盘旋射击，使得杨靖宇的警卫队损失严重。

经过多天的长途跋涉，杨靖宇和仅剩的十五名战士被围困在大山之中。日伪军不断地增援部队，持续缩小包围圈。不远处的二方面军前来增援，不料受到日伪军的阻截，遭到敌机的轰炸。这时，杨靖宇鼓励身边仅剩的两名警卫员说：“就是我们这些人都牺牲了，还会有人继承我们的事业，革命总是会成功的。”

◎杨靖宇雕像

不久，两名警卫员也在一场激烈的战斗中牺牲了，只剩下杨靖宇孤军奋战。当时，杨靖宇已多处受伤，身体状况很差。然而，他凭借着顽强的生命力继续前进在冰冻的山林之中，边战边行。2月23日，杨靖宇不幸在濛江县保安村三道崴子被敌人包围。上百名敌兵大踏步地向杨靖宇逼近，有的站在距离二三十米远的地方冲杨靖宇喊话，企图进行劝降。

看着面露凶相的敌人，杨靖宇面不改色心不跳，掏出两支手枪，靠在一棵大树旁，向敌人还击。最终，杨靖宇身中数弹，倒在了血泊之中。

杨靖宇牺牲后，敌人用铡刀砍下了他的头颅。日本人一直十分疑惑，杨靖宇身陷包围，没有任何食物来源，他到底靠什么坚持了将近两个月的时间？为了解开这个疑问，敌人剖开了杨靖宇的肚子，眼前的一切让他们惊呆了。原来，杨靖宇的胃肠里只有尚未消化的草根、树皮、棉絮，一粒粮食也没有！

如今，在杨靖宇将军纪念馆里，陈列着一支匣子枪，它正是按照杨靖宇生前所使用的手枪仿造的。

镇平彭雪枫纪念馆

纪念馆简介

彭雪枫纪念馆坐落在烈士家乡河南省镇平县城北隅，占地面积9200余平方米。2005年，该馆被中宣部公布为第三批全国爱国主义教

◎彭雪枫纪念馆

育示范基地。

进入纪念馆大门，首先映入眼帘的是彭雪枫铜像，花岗石基座上镌刻的“彭雪枫”三个字正是出自彭雪枫的笔记。铜像两侧的两块石碑，分别介绍了彭雪枫的生平事迹和纪念馆的修建经过。

主体建筑展览馆位于铜像正后方，总面积 2350 平方米，其中珍藏了 600 余幅彭雪枫烈士的珍贵照片，并分作八个部分展览，充分再现了彭雪枫光辉灿烂的一生。

永不飘落的红叶

彭雪枫(1907—1944)，河南镇平人，1926 年加入中国共产党，是中国工农红军和新四军杰出的指挥员、军事家，是抗日战争中新四军牺牲的最高将领。彭雪枫率部队参加过第三、四、五次反“围剿”，二万五千里长征，组织过土成岭战役，两次率军攻占娄山关，直取遵义城，横渡金沙江，飞越大渡河，进军天全城，通过大草原。他出生入死、南征北战、智勇双全、战功卓著，被毛泽东、朱德誉为“共产党人的好榜

◎彭雪枫

◎彭雪枫雕像

样”。

抗战爆发后，彭雪枫率两个新兵连 373 人，向豫东地区挺进。在此期间，他率领部队打退了日军的多次“围剿”，名声大振。1939 年，彭雪枫率部继续向东挺进，建立了以永城为中心的抗日民主政权。

1938 年 11 月 26 日，新四军游击支队随营学校在河南杞县成立，彭雪枫担任校长。这所学校后来成长为中国著名的高等军事学府——南京陆军指挥学院。

1940 年，彭雪枫率领新四军第 6 支队在运河线、黄泛区转战，北靠陇海路、南跨涡河间与日军展开游击战争。不久，彭雪枫又率领部队进入皖东北地区，与淮北路东地区活动的部队会合，并且创建了骑兵团。

其实，彭雪枫在率领部队进入皖东北之前就已经有了创建骑兵团的计划。原来，新四军早前曾在与日军骑兵的战斗中损失惨重，这让彭雪枫心痛不已，建立骑兵部队反制日军的想法便渐渐在他的脑子里成型了。到达皖东北地区后，彭雪枫立即决定组建骑兵部队，以其人之道，还治其人之身。

1941 年 8 月 1 日，新四军四师骑兵团正式成立，之后，部队立即投入了紧张的军事训练。此刻，大家只有一个心愿：杀敌立功，报仇雪恨。

1942 年夏，淮北平原麦浪滚滚。根据地老百姓期盼着此次的大丰收，然而，当人们正在准备收割的时候，敌人开始出来破坏和抢割麦子。得知这一消息，彭雪枫立即命令骑兵团：“保卫夏收，痛击

敌人。”

两个骑兵大队立即出动。赶到目的地时，正看到敌人带着抢割的麦子，准备回据点。看到日军走出村子，参谋长一声令下，战马一阵风一样冲向敌群。两个骑兵大队在开阔的平地上，大展威力，痛歼敌人 300 余人，保卫了群众的夏收。

之后，骑兵团屡建功勋，威震敌胆，打出了骑兵团的威风。新四军四师也因为骑兵团的建立，战斗力有了极大提高。从此，新四军多了一个成建制的新兵种。

1942 年至 1943 年间，彭雪枫在洪泽湖地区领导敌后抗日战争，纵横驰骋，浴血奋战，取得了著名的 33 天反“扫荡”斗争的胜利。

1944 年，日军发动中原战役，大举向河南腹地进攻，攻陷了郑州、洛阳、许昌、郾城等 38 座城池，中共中央决定向河南敌后进军，收复失地，彭雪枫奉命西征。1938 年至 1944 年，彭雪枫麾下的新四军第 4 师进行了大小战斗 3760 次，累计歼敌 4.8 万余人。

9 月 11 日，在河南夏邑东八里庄围歼土顽李光明的战斗中，彭雪枫亲自指挥战斗，正当战斗胜利结束时，不幸被流弹击中，英勇殉国，时年 37 岁。

◎新四军骑兵雕像

英名永在

1945 年 2 月 7 日，中共中央在延安、中共淮北区党委在洪泽湖边大王庄，分别为彭雪枫隆重举行追悼大会。中共中央的挽词是：“为民族为群众二十年奋斗出生入死功垂祖国，打日本打汉奸千百万同胞自由平等泽被长淮”。毛泽东、朱德、彭德怀、陈毅的共同挽词是：“二十年艰难事业，即将彻底完成，忍看功绩辉煌，英名永在，一世忠贞，是共产党人好榜样；千万里山河破碎，正待从头收拾，孰料血花飞溅，为国牺牲，满腔悲愤，为中华民族悼英雄。”

河南省夏邑县孔庄乡建有彭雪枫纪念馆，江苏省泗洪县半城镇和安徽省宿州市建有彭雪枫将军陵墓和纪念碑。其中泗洪县半城镇的雪枫墓园，是彭雪枫真正的陵墓所在地。陵园大门有李一氓（老一辈无产阶级革命家，诗人和书法家）的亲笔题联“半壁江山留战绩，两淮风雨慰忠魂”。

◎彭雪枫之墓

吉鸿昌将军纪念馆

纪念馆简介

吉鸿昌将军纪念馆由河南省扶沟县烈士陵园改建而成，陵园建成于 1964 年。1979 年，吉鸿昌烈士纪念馆开始筹建。1984 年，陵园更名为吉鸿昌将军纪念馆。2005 年，该馆被中宣部公布为第三批全国爱国

◎吉鸿昌将军纪念馆

主义教育示范基地。

吉鸿昌将军纪念馆占地面积6300平方米，由广场和展厅组成。纪念馆大门朝东，仿古式门楼正上方镌刻着由江泽民在1995年亲笔题写的馆名“吉鸿昌将军纪念馆”。

进入大门，园内两侧有“河南省重点烈士建筑物保护单位”的立碑和小何庄殉难烈士纪念碑。沿路北行是纪念馆广场，广场面积600平方米，吉鸿昌半身铜像矗立于广场的正中央，铜像底座为花岗岩砌成。

◎吉鸿昌纪念馆侧墙

穿过广场，继续北行，迎面是吉鸿昌将军纪念馆的主展馆，主要介绍吉鸿昌的生平事迹。

2007年，扶沟县为缅怀吉鸿昌，开始规划建设吉鸿昌将军纪念馆新馆。2009年10月18

◎济南军区赠送吉鸿昌纪念馆的退役坦克

日，新馆正式建成开放，馆区新增了国防教育园和休闲公园 2 个部分组成。主展馆包括 4 个主展厅、1 个多功能厅、1 个廉政教育厅和半景画馆。

广场西侧新增的国防教育园中，陈列着空军某部赠送的一架退役的歼 -6 教练战斗机，还有济南军区赠送的退役坦克及两部大炮等。

碧血丹心

恨不抗日死，留作今日羞。国破尚如此，我何惜此头！

——吉鸿昌

◎吉鸿昌

1895 年 10 月 18 日，吉鸿昌出生于河南省扶沟县一个农民家庭。1913 年，还未成年的吉鸿昌放弃学业，在爱国将领冯玉祥的部队里做了一名小兵。由于表现突出，吉鸿昌很快得到了冯玉祥的赏识和提拔。

1925 年 10 月，吉鸿昌升任绥远省督统署直辖骑兵团团长兼警务处处长，不久又被

任命为第 36 旅旅长。十几年里，吉鸿昌虽不断升官，但却丝毫没有改变“当兵救国，为民造福”的初衷，时刻铭记着父亲“作官即不许发财”的教诲，平时省吃俭用，兴办公益事业。他严于律己，也约束部队不许扰民。在这期间，吉鸿昌结识了共产党员宣侠父等人，开始接触革命思想。

1926 年 9 月，冯玉祥在五原誓师，响应北伐。吉鸿昌率部参加了西安之战。1927 年 4 月，吉鸿昌所部扩编为第 19 师，吉鸿昌升任师长，归属冯部国民革命军第 2 集团军所辖。国民革命军沿陇海路东征，吉鸿昌率部攻克洛阳、巩县，又强渡黄河，占领豫北重镇新乡，奉军被打得抱头鼠窜。吉鸿昌部被誉为“铁军”。

1930 年 4 月，蒋、冯、阎中原大战爆发。9 月，冯玉祥的西北军战败，吉鸿昌为了保存实力，接受了蒋介石的改编。不久，蒋介石派吉鸿昌前往光山、商城一带，向鄂豫皖苏区进军。

吉鸿昌对进攻苏区十分反感。他托病到上海与中国共产党组织取得了联系，随后又化装到鄂豫皖苏区进行了考察，思想上受到很大触动。随后在潢川组织所部起义参加工农红军未果。蒋介石发现吉鸿昌

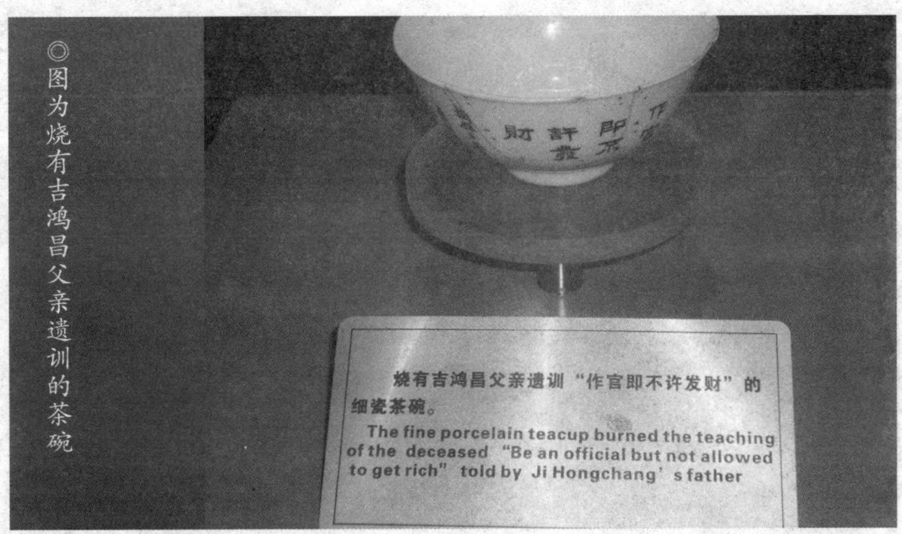

◎图为烧有吉鸿昌父亲遗训的茶碗

有“谋反”之意，便解除了他的军职，逼迫他出国“考察”。

1931 年 9 月 21 日，坚决主张抗日的吉鸿昌被蒋介石逼迫下野，到国外“考察实业”。刚到美国，吉鸿昌就接二连三地遭到意想不到的刺激，比如那里的头等旅馆不接待中国人，却对日本人毕恭毕敬。有一次，吉鸿昌要往国内邮寄衣物，邮局职员竟说世界上已经不存在中国了。吉鸿昌异常愤怒，刚要发作，陪同的使馆参赞劝道：“你为什么不说自己是日本人呢？只要说自己是日本人就可以受到礼遇。”吉鸿昌当即怒斥：“你觉得当中国人丢脸吗？可我觉得当中国人光荣！”吉鸿昌回到旅馆便在胸前挂了一个木牌，上面写道：“我是中国人！”

1932 年，上海“一·二八”事变爆发。吉鸿昌闻讯，即刻赶回上海。看到四处悬挂着日本的膏药旗，吉鸿昌心碎不已。蒋介石的消极抗日，积极内战让他十分失望和愤慨。他想现在只有中共可以解救中国了，于是他联系上中共组织，决心为中华民族贡献自己的一切。

同年 4 月，吉鸿昌在北平光荣地加入了中国共产党，由一个爱国的旧军人转变为坚定的共产主义战士，从此踏上了新的革命征程。他按照党的指示，到湖北黄陂、宋埠一带召集旧部策划起义。起义失败

◎吉鸿昌雕像

后，他赴泰山动员冯玉祥出山组织武装抗日。吉鸿昌毁家纾难，变卖家产 6 万元购买武器，积极联络各地抗日零散武装，准备起兵抗日。

1933 年 5 月 26 日，吉鸿昌同冯玉祥、方振武等爱国将领依靠苏联的武器支援和集合东北义勇军在张家口宣布成立“察哈尔民众抗日同盟军”，吉鸿昌任前敌总指挥兼第 2 军军长，率部向察北日伪军进击。在收复康保、宝昌、沽源等城池后，吉鸿昌又指挥部队向多伦进攻。经过五昼夜血战，吉鸿昌于 7 月 12 日收复多伦，极大地鼓舞了全国人民的斗志。然而，蒋介石却反诬同盟军破坏“国策”，令何应钦指挥 16 个师与日军夹击同盟军。

1933 年 8 月 26 日，吉鸿昌率领 3000 多人试图去商都同抗日同盟军高树勋部会合，建立苏区。但遭到国民党军队围追堵截，苏区因而无法建立。吉鸿昌无奈之下找到了方振武，准备一同进攻由国民革命军驻守的北平城。

10 月 10 日，吉鸿昌部队在北京附近的昌平被中央军伙同晋军、西北军包围，军队大部崩溃。

随后，日军主力在察边境集结，并驱使败退伪军准备重新进攻。苏联在国民政府的压力之下也停止了对同盟军的支援。国民政府中央也派出要员去说服同盟军领袖冯玉祥放弃独立割据的念头，将部队交给中央指挥。

内忧外患之时，同盟军内部的东北义勇军部首先表示归附中央，冯玉祥也发表声明取消了同盟军司令的头衔。

8 月 15 日，日伪军重新进攻多伦。分崩离析的同盟军不敢正面对抗。在 15 日夜放弃多伦，全军转移。转移之后，剩下的 5 万抗日同盟军彻底瓦解。

吉鸿昌战至 10 月，部队已经弹尽粮绝。为了保存抗日实力，吉鸿昌与方振武到国民党第 32 军驻地同商震谈判。不料，蒋介石却电令商震把吉鸿昌和方振武押送北平审问。途中，吉鸿昌用计使方振武脱身。

车行至北平城外，押送人员在吉鸿昌感化下，冒着生命危险放走了吉鸿昌。

1934 年 5 月，吉鸿昌在天津组织成立了“中国人民反法西斯大同盟”。同时建立了大同盟中央委员会，其中有冯玉祥、李济深、方振武、任应歧等各地反蒋抗日力量代表，吉鸿昌被推选为主任委员，进行统一战线工作。为了抗日宣传工作，吉鸿昌还在他的家里秘密设立了一个印刷所，出版机关刊物《民族战旗》。吉鸿昌的住宅也成了党组织的地下联络站，因而被党内同志称为“红楼”。

吉鸿昌想方设法积极在各地发展人民武装自卫军组织，又通过以前的旧关系，联络到一批原西北军中的爱国将领。吉鸿昌先把他们约到天津集合，接着，又将他们分别派往西北各省，以及豫南、豫西、安徽等地，组织人民武装抗日自卫军。短短的几个月中，吉鸿昌重举武装抗日大旗的工作取得了很大进展。

1934 年 11 月 9 日晚，吉鸿昌在法租界秘密开会时遭军统特务暗杀受伤，被法国工部局逮捕。蒋介石随即向法租界行贿，要求引渡吉鸿昌。不久，吉鸿昌被押送到国民党“北平军分会”。

11 月 23 日，北平军分会举行了一场所谓的“军法会审”。何应钦向吉鸿昌逼问道：“你为什么搞抗日活动？说出你们的秘密来！”

吉鸿昌义正词严地答道：“抗日是四万万中国人民的事情，有什么秘密？只有蒋介石跟你们祸国殃民，和日本暗中勾结，干些不明不

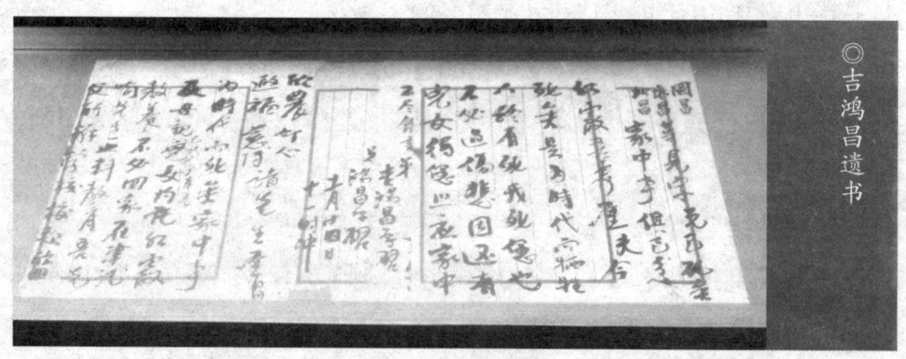

◎吉鸿昌遗书

白的勾当，才有秘密。我要救国，蒋要卖国，我不得不为抗日而讨蒋。”何应钦不管怎么问，都被吉鸿昌驳得哑口无言，只好赶紧结束了“审讯”。

◎吉鸿昌将军“绝命诗”

1934 年 11 月 24 日，是吉鸿昌殉难的日子。当“立时枪决”的命令传来，吉鸿昌显得异常镇静安详。他向敌人要了笔、墨、纸、砚，然后挥笔疾书，将自己怎样走上革命的道路，国民党蒋介石反动政府祸国殃民的种种罪行，都一一列出。然后，他又分别给自己的妻子、兄弟和朋友写了简短的遗嘱。他在给妻子的遗嘱中写道：“夫今死矣，是为时代而牺牲。”并再三叮嘱要好好教育孩子“以成有用之材”。吉鸿昌牺牲时，年仅 39 岁。

2009 年 9 月 14 日，吉鸿昌被评为“100 位为新中国成立做出突出贡献的英雄模范人物”之一。

濮阳单拐革命旧址

革命旧址简介

濮阳单拐革命旧址位于河南省清丰县双庙乡单拐村。抗日战争后期，这里曾是中共中央北方局、冀鲁豫分局（平原分局）、冀鲁豫军区司令部和冀鲁豫第一兵工厂所在地。2005 年，濮阳单拐革命旧址被中宣部公布为第三批全国爱国主义教育示范基地。

◎冀鲁豫军区纪念馆

1986 年，新建立的濮阳市政府开始筹建冀鲁豫军区纪念馆，宋任穷（时任冀鲁豫军区司令员）为纪念馆题写了馆名。不久，中共中央北方局、平原分局、冀鲁豫军区司令部、冀鲁豫日报社和冀鲁豫军区第一兵工厂等共 11 处革命旧址，全部得到整修。

纪念馆共征集革命文物 2000 多件，并对已整修的旧址、旧居进行了复原陈列。设立了“冀鲁豫抗战史迹”、“邓小平生平”、

◎中共中央北方局旧址

◎冀鲁豫军区司令部旧址

◎邓小平住室（右）

“边区百名将军”、“边区民俗”、“减租减息”、“大生产运动”、“抗战用品”、“抗战胜利品”8个专题展室，布展面积达2100平米。

历史背景

1944年初，日军在太平洋战场节节失利，为了打通从中国的东北到东南亚的大陆交通线，支援太平洋战场的作战，日军先后从华北、华中抽调大量兵力，发动豫湘桂战役。

在此大背景下，日军分布在冀鲁豫地区的兵力显著减少，当地伪军军心涣散，不堪一击。但此时，冀南区的境况仍旧十分严峻。

为了适应这种南缓北紧的形势，统一和增强对敌斗争力量，1943年11月，中共中央决定成立中共冀鲁豫分局，统一领导冀南、冀鲁豫两区工作。1944年5月11日，冀鲁豫和冀南两区合并，宋任穷任司令员，下辖11个军分区和一个独立团。

冀南、冀鲁豫两区合并后，边区军民在分局和军区的领导下，对日伪作战由游击战变为攻势作战。1944年5月，冀鲁豫军区发起昆张战役和清丰战斗。昆张战役彻底摧毁了寿张至郓城的日伪军封锁线，使中心区向东扩展100余华里。清丰战斗消灭了日军联络部日军官兵10余名、伪军200人，俘虏伪县长、警察所长等40余名、日军联络官7名、伪军官兵1500多名。

1944年9月，冀鲁豫军区为了进一步扩大战果，解放濮阳和南乐县城及豫北的大部分地区，决定将指挥部前移，迁入清丰县双庙乡单拐村。

1945年1月23日，中共中央指示北方局迁入冀鲁豫平原，协助冀鲁豫分局，领导当地农民开展减租减息的斗争。3月上旬，时任北方局代理书记的邓小平带领北方局20余名机关人员来到濮阳，并于半个月后进驻单拐村。

为打击日伪势力、扩大根据地，冀鲁豫军区在这里领导了多次战役，积极发动当地贫苦农民建立政权，领导农民开展减租减息、增资增佃的斗争，为抗日战争和解放战争的胜利作出了积极贡献。

◎“盖亮号”大炮

第一门大炮

如今在中国军事博物馆里，保存着一门70毫米口径步兵炮，名为“盖亮号”。它是中国共产党军队兵工

◎冀鲁豫军区第一兵工厂挖凿的水井

史上的第一门大炮，而这门大炮就诞生在冀鲁豫军区第一兵工厂。

冀鲁豫军区第一兵工厂，是1945年8月遵照朱德总司令的指示，由四个修械所合并而成，设在单拐村陈氏祠堂大院内。

兵工厂有职工220人，各种机械设备25台，不仅为中国共产党领导下的军队制造了各种枪械零件、炮弹底火，修理许多轻重机枪和各种炮，还试制成功了中国共产党军队兵工史上第一门大炮——92式70毫米步兵炮，揭开了中国共产党军队兵工史的新篇章，有力地支援了前线。

红色故事

单拐革命旧址展览馆里，保存着一双棉鞋，这双鞋看起来普普通通，且十分陈旧，可在它的背后，却蕴藏着一个感人的故事。

1944年秋，刚刚担任冀鲁豫军区副司令员的杨勇，来到清丰县单拐村，住在了村民陈合修的家里。陈合修的父亲早已病故，母亲双目失明，母子俩相依为命，家里十分困难。

这年冬天，天气非常寒冷。一场大雪过后，杨勇和陈合修在院里打扫积雪。扫地时，杨勇发现陈合修穿的是一双单布鞋，还露着脚趾头，便问道："合修，你怎么不穿棉鞋？脚都冻坏了！"

陈合修先是憨厚地笑，然后不好意思地小声说道："俺娘看不见，俺又没媳妇，谁给俺做棉鞋？"

杨勇听了心里一阵难过，二话没说，就把自己的一双军用棉鞋拿了出来，递给陈和修说："快把这个穿上！"

陈合修接过鞋来，摸着舒服的鞋面，心里涌上一股暖流。可陈合修只是看了一会，就又把鞋递了回去，认真地对杨勇说："杨司令员，您的心意俺领了，可这双鞋俺不能要。俺知道您带部队打鬼子离不开棉鞋，您只要多消灭几个日本鬼子，俺就是不穿棉鞋心里也高兴！"

听完这番话，杨勇是既高兴又心疼，赶忙说："我现在不是穿着棉鞋？这双是多出来的，你快穿上吧！"可任凭杨勇怎么劝，陈合修就是不接。

棉鞋最终还是没有送出去，可一想到陈合修被冻紫的脚趾头，杨勇的心里就发堵。为了把棉鞋送出去，杨勇找到陈合修的母亲，让老人把鞋转交给儿子，可老人也是说什么都不肯收。

杨勇灵机一动，说道："大娘，这棉鞋不是我个人的，是八路军后勤部送给合修的，您要是不收，我怎么向组织交代呀？"

陈母听了，这才点点头说："那俺就谢谢八路军了！"杨勇看到老人收下了棉鞋，心里的一块大石头才放了下来。

◎杨勇的军用棉鞋

陈合修一回家，母亲便把鞋拿给他看。陈合修埋怨母亲道："娘，这双棉鞋不是组织上送的，是杨司令员自己的棉鞋，您被他给骗啦！"陈母说道："啥骗不骗的，杨司令员好心好意待你，你就把鞋穿上吧！"陈合修摇摇头说："娘，

这双鞋我不能穿，我要把它当成传家宝，世世代代传下去。”

陈合修说话算话，这双军用棉鞋他精心保存着，一直没肯穿。解放后，他把鞋捐献给了国家，这双鞋从此成了革命文物。

商丘淮海战役陈官庄烈士陵园

陵园简介

商丘淮海战役烈士陵园位于河南省永城市东北 25 公里陈官庄村南，311 国道北侧，是为纪念淮海战役第三阶段陈官庄地区歼灭战中牺牲的烈士而建。2009 年 5 月，被中宣部公布为第四批全国爱国主义教育示范基地。

该陵园修建于 1974 年，1978 年建成并对外开放。陵园占地 13 万平方米，2300 多名在淮海战役陈官庄地区牺牲的革命烈士长眠于此。

陵园正中为花岗岩烈士纪念碑，高 25 米，上刻周恩来手书“淮海英雄永垂千古”八个大字。纪念碑前方为广场，在纪念碑的后方，烈士陈列馆和歼灭战纪念馆分列两侧。

除此之外，陵园中还设有淮海战役陈官庄地区歼灭战纪念馆、烈

◎淮海战役烈士陵园

◎陈官庄烈士纪念碑

◎淮海战役永城陈官庄地区歼灭战纪念馆

士事迹陈列馆、烈士公墓、单身烈士墓群等纪念建筑物。

淮海战役

淮海战役是解放战争中的“三大战役”之一。战役自 1948 年 11 月 6 日开始，至 1949 年 1 月 10 日结束，历时 65 天，中国人民解放军共消灭国民党军主力 55.5 万人，蒋介石的骨干力量几乎在这场战役中被消灭殆尽。

1948 年秋天，中国人民解放军华东野战军在济南战役中大获全胜。9 月 24 日，华东野战军代司令员兼代政委粟裕向中共中央军委提议，希望乘胜进攻淮阴、淮安、宝应、高邮、海州、连云港等地国民党军，主要目标是歼灭离徐州较远、位置突出的黄百韬兵团，为夺取徐州做好准备。毛泽东经过慎重考虑，同意了粟裕的建议。

不过，让粟裕没有想到的是，他的这个计划定“小”了。黄百韬兵团仅仅是毛泽东眼中的一盘小菜，他真正的计划是围歼整个徐州兵团！

1948 年 11 月 6 日，华东野战军分路南下。10 日，黄百韬兵团被华东野战军分割包围于徐州以东的碾庄地区。经过 10 天激战，黄百韬兵团 10 万余人被全部歼灭，黄百韬自杀。11 月 16 日，中原野战军攻克宿县，完成对徐州的战略包围。

28 日，蒋介石被迫决定徐州守军做战略退却。徐州“剿总”总司令刘峙撤至蚌埠，副总司令杜聿明留在徐州指挥。12 月 1 日，国民党军放弃徐州向西南逃窜。4 日，华东野战军追击部队将徐州逃敌包围。6 日，国民党孙元良兵团妄图突围，但迅速被人民解放军歼灭，孙元良只身潜逃。同日，中原野战军和华东野战军集中 9 个纵队的优势兵力，对黄维兵团发起总攻。经过激战，全歼黄维兵团 12 万余人，黄维被俘。

此后，为配合平津战役，人民解放军对杜聿明集团围而不歼，部

◎油画：《淮海战役》

队就地进行20天休整。

1949年1月6日至10日，华东野战军对被包围的杜聿明集团发起总攻，经过4天战斗，全歼邱清泉、李弥两个兵团共30万人，俘获杜聿明，邱清泉自杀，李弥逃脱。至此，黄淮地区再无战事。

在淮海战役中，人民解防军在兵力数量和武器装备上均处劣势，但解放军统帅部表现了高超的战略指导和战役指挥艺术，果断决策，精心谋划，迅速判明敌情，最终以60万装备落后的兵力战胜了80万装备精良的国民党军，创造了中国战争史上的奇迹。

远在千里之外的斯大林听闻解放军淮海大胜的消息后，曾在记事本写道："60万战胜80万，奇迹，真是奇迹！"

英烈谱

在陈官庄烈士陵园中有一座硕大的义士合葬墓，碑上雕刻了15位在淮海战役中牺牲的义士略传，每一个烈士的事迹，都足以让观者眼含热泪、欷歔不已。尚立民、方泉、陈浩就是其中的3名烈士。

尚立民，山东广饶县人，1926年出生于一个贫穷的农民家庭。1945年，尚立民入伍，第二年加入中国共产党。入伍后，尚立民在新安战争以及济南战争中荣立一等功以及特等功，牺牲时任班长。

在淮海战役鲁楼战斗中，尚立民领导全班士兵发扬了猛攻恪守的战争作风，枪弹打光了，就用刺刀与敌人拼杀。在敌人突破前沿阵地时，他临危不惧，高呼："同敌人血战到底，与阵地共存亡！"接连打退敌人七次冲锋，保住了阵地，尚立民却因负伤过重，英勇牺牲。

方泉，广东省惠阳县人，1922 年生，贫农出身，1943 年入伍，1945 年加入中国共产党，历任班长、武工队长、排长。方泉作战机智骁勇，在鲁南、长清全乡等战争中屡建勋绩。

淮海战役决战中，国民党军队某部在七辆坦克、四架飞机的掩护下向解放军 29 团 2 营阵地连续反攻，将解放军阵地大部捣毁，情况万分危急。方泉见此情景，积极申请受 2 营指挥，率队向敌人侧翼猛烈出击。最终，2 营击溃了顽敌，一举攻占了阎阁以西的刘楼，进一步压缩了包抄圈，为全歼杜聿明集团创造了有利条件。方泉在淮海战役的谢楼战斗中牺牲。

陈洁，女，原名郑洁芳，广东省人，1922 年生，1940 年参军，先后在华东野战军 1 纵文工团、2 师文工团任职。在炮火纷飞的岁月里，陈洁随军转战在苏、鲁、豫一带，既当宣扬员，又当战争员、卫生员，她以坚强的毅力，征服重重困苦，胜利地实现了行军、战争演出、战地救护、宣扬等各项艰巨工作，荣获团体大功一次，团体四等功一次。1947 年 7 月，陈洁荣耀地加入了中国共产党。她说："党教育了我，之后我理当踊跃其党事情，为革命孝敬我的终身。"

淮海战役一开始，陈洁就向党宣誓，随时准备舍弃自己的生命。1949 年 1 月，淮海战役即将终场，陈洁怀着胜利的喜悦，带病抢救伤员，清扫战场，结果不幸遭遇敌机扫射，英勇牺牲。

在淮海战役中，许多革命英烈为解放中国，不畏牺牲，前赴后继，最终粉碎了蒋氏王朝在大陆上最后一个强大的美械设备军事集团，为建立新中国立下了不朽的功勋。

驻马店确山竹沟革命纪念馆

纪念馆简介

确山竹沟革命纪念馆，位于河南省确山县竹沟镇北部，这里是原中共中央中原局旧址所在地。1956 年 8 月，经中华人民共和国国务院批准，在这里修建确山竹沟革命纪念馆。1958 年初，纪念馆对外开放，周恩来为纪念馆题写了馆名。2009 年，确山竹沟革命纪念馆被中宣部公布为第四批全国爱国主义教育示范基地。

进入竹沟革命陈列大厅，迎面是名为《刘少奇坐镇竹沟》的铜像，陈列厅展出的竹沟革命历史展览，共分为五个部分，逐步介绍了竹沟革命根据地是怎样一步步成为中国共产党在中原地区的重要阵地和战略支撑点的。

◎确山竹沟革命纪念馆

◎竹沟革命纪念碑

◎竹沟革命烈士陵园

全部陈列展出实物、图片、绘画、文字内容等共计400余件，绘制场景4处，大型雕塑作品4件，真实、生动地讲述了刘少奇、李先念、彭雪枫等老一辈无产阶级革命家的光辉业绩，再现了抗日军民在中国共产党的领导下，奔赴前线以及与国民党反动势力斗争的场面。

走出陈列大厅，映入眼帘的是一排排青砖小瓦房。这里是原中共中央中原局、中共河南省委、新四军八团留守处所在地。20世纪80年代，这些房屋按照原貌进行了修复。正屋是原中共中央中原局组织部、河南省委组织部办公室，西面是中共中央中原局旧址，北屋3间是办公室，东屋3间是时任中原局书记的刘少奇的办公室。刘少奇的著作《论共产党人的修养》正是在这间小屋里修订完成的。

确山竹沟革命烈士陵园与竹沟革命纪念馆仅有一镇之隔。解放后，河南省人民政府斥资修建了竹沟革命烈士陵园。1984年11月14日，“竹沟革命纪念碑”正式动工，时任国家主席的李先念为纪念碑题写了碑名。

陵园大门是一座仿古牌楼式建筑，广场两侧建有东、西两个展厅。这两个展厅建于1998年，以图文并茂的形式再现了当年革命前辈的丰功伟绩及斗争场面。

东展厅是《竹沟惨案》陈列厅，展厅分为7个部分，向公众展示了1939年11月11日，国民党顽固派制造“竹沟惨案”，杀害新四军军民200余人的历史史实。2008年，陈列厅内新增了声、光、电模拟场景图，生动再现了竹沟惨案的真实场景。

西展厅是《中原烽火》陈列厅，主要介绍了竹沟革命根据地的历史地位，和新四军2、4、5师和3、7师在竹沟地区发展壮大的。

1993年5月，竹沟革命烈士陵园被河南省人民政府列为“中小学德育教育基地”。

竹沟惨案

1939 年下半年，驻扎在竹沟的新四军 4 支队第 8 团和皖中、豫皖边根据地的联系逐渐减少，国民党反动势力趁机掀起了反共的浪潮。

11 月 1 日，信阳三区区团副曹修身在国民党特务的指使下，率百余人在四望山地区外围婆婆寨，捕杀了 6 名中国共产党地方工作人员，这是河南地区特务针对中国共产党制造的第二次血腥事件。婆婆寨事件发生后，新四军 4 支队 8 团队驻在确山县城的联络站即被迫撤销。

11 月 11 日，国民党反动势力趁新四军分批开往敌后，竹沟留守处兵力大为减少之际，向竹沟新四军留守处发动了围攻。当时，驻扎在竹沟新四军 8 团队留守处的部队，只有两个中队和一个班。

10 日黄昏，竹沟东门外的大街上来了 100 多人的壮丁队，说是准备到泌阳去。因为这些人外表打扮都是手无寸铁的老百姓，谁也没有注意。壮丁队在寨外住了一夜，两边相安无事。

11 日清晨，住在寨外的留守处教导处一个中队到河滩上出早操，住在寨里的部队因为昨夜过于紧张，打开寨门后开始休息。这时，寨外的壮丁队出发了，先头部队通过河滩后往南走去，后续部队约 50 人左右突然闯进寨门，并迅速登上寨楼，拿出暗藏的手枪，将守卫东寨楼的一个班 13 人全部杀死，而另一部分敌人已经深入到街中留守处的门前。

在这万分紧急时刻，新四军警卫部队的炊事班主动拿起武器，利用房屋封锁道路，坚决抵抗，使敌人不能深入。这时，寨东南、东北两个碉堡的留守部队也开始了还击，截断了敌人向寨内的增援。

敌人进攻部队虽然众多，但战斗力非常弱，始终不敢接近寨墙。但东、北两门的战斗仍然十分激烈。战斗开始后，住在寨外的教导队 2 中队被阻于寨外，且战且退。由于西门敌军距离较远，进攻部队不够坚决，于是教导队 2 中队自西门进入寨内，向东门增援，一直激战到天黑，终于肃清了东门里的残敌。

经过十个小时的激烈巷战，寨内寨外碉堡附近，都可以看到当街横陈的尸体。事变发生时，由于省委电台发生故障，因此未能及时向党中央和中原局发出报告。

12 日这一天，敌军等待增援部队，只进行了一些侦察性的攻击。省委决定当夜由西门出发，向竹沟西南龙窝方向突围。

突围前，省委、地委烧毁了党的文件，调整了武装部队和武器弹药，集结了各单位的人员、马匹、物资，安排了寨内的秘密工作。每人臂上缠一条白布，当夜十时许离开竹沟。

新四军撤出竹沟后，敌人在午夜占据了竹沟，群众在惊扰中被搜查，所有的贵重衣物被敌人搜掠一空。敌人连续在竹沟外围大肆搜捕革命的群众和干部家属。

之后，敌人对未能撤出的革命同志进行了疯狂的屠杀。中原局印刷厂工务科副科长张潮音、女工武桂花、徒工邢克勤等人，在竹沟外小王庄医院被俘后，均惨遭杀害。医院的工作人员数十人被俘后，敌人对他们严刑拷打，全部监禁。

竹沟事变，是国民党顽固派继罗山杨家店惨案、信阳婆婆寨惨案后，在河南发动的第三次惨案。战斗中，留守处参谋穆学礼等以下 20 余人英勇牺牲，20 余人负伤，医院中的疗养员、中原局印刷厂副科长张潮音以下 20 余人惨遭杀害。后勤机关医务人员、掉队人员 30 余人被俘虏。竹沟地区许多抗日的进步群众被杀害，上百人被绑架。这是国民党反动势力在抗日战争期间犯下的又一滔天罪行。

安徽省

安徽，坐拥淮河、长江、新安江三大流域，是中国东部拥江近海的内陆省份。抗日战争时期，这里发生过震惊中外的皖南事变。解放战争时期，这里见证了惊心动魄的淮海战役……

在安徽大地上，一个个珍贵的历史遗迹，一段段清晰的历史资料，让人们踏着革命先烈的足迹，感受血与火的峥嵘岁月，接受爱国主义教育的洗礼。

陶行知纪念馆

纪念馆简介

陶行知出生于 1891 年，是著名的教育家、思想家，伟大的民主主义战士。20 世纪 80 年代，为了纪念人民教育家陶行知，安徽、南京、上海三地都先后修建了陶行知纪念馆。而被中宣部评为全国爱国主义教育基地的，是位于安徽黄山歙县的陶行知纪念馆。

纪念馆最早由崇一学堂改建，这里是陶行知幼年读书的地方，其中陈列着陶行知遗物和著名遗联“捧着一颗心来，不带半根草去”。

陶行知纪念馆占地面积 1700 平方米，建筑面积 3600 平方米，设计为仿徽派建筑。纪念馆建成于 1984 年，由瞻仰厅、放像厅、书画厅和 5 个大展厅组成。纪念馆设有东西两侧大门，馆名分别由胡耀邦、胡厥文（曾任中华职业教育社理事长）题写。1997 年，陶行知纪念馆被中

◎陶行知纪念馆

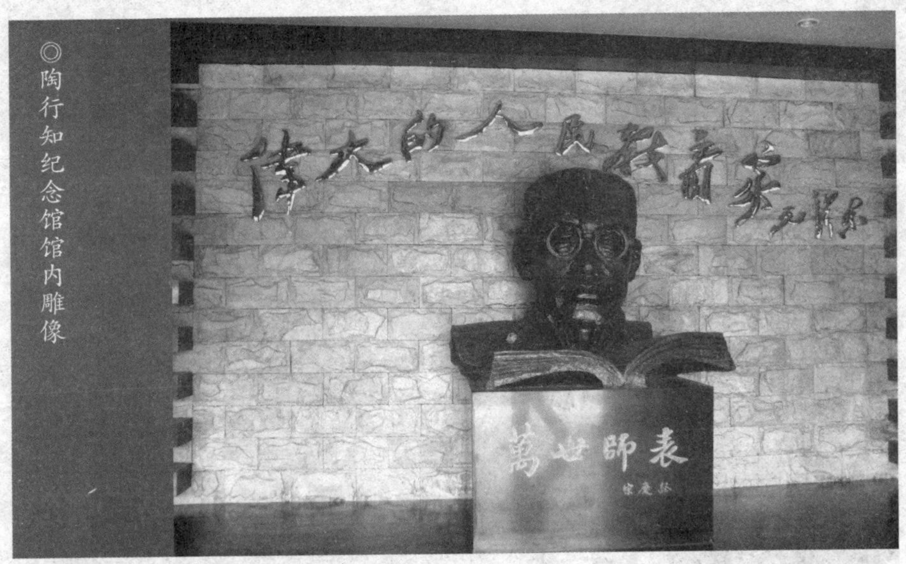

◎陶行知纪念馆馆内雕像

共中央宣传部公布为第一批全国爱国主义教育示范基地。

进入纪念馆的大门，首先映入眼帘的是瞻仰厅。走进厅内，面前是一扇大屏风，有陶行知亲笔题写的“爱满天下”四个大字。屏风背面是江泽民的题词：“学习陶行知教育思想，促进教育改革”。

2.6 米高的陶行知雕像屹立厅堂中央，展现了这位伟大的人民教育家的高大形象。厅堂上方是宋庆龄亲笔题写的“万世师表”匾额。正面为毛泽东题写的“伟大的人民教育家”一行鎏金大字。

绕过厅堂拾级而上是放映厅，陶行知生平事迹录像在放映厅中循环播放。

向北穿过侧门就进入了展览厅。全馆共分 5 个展厅。第一个展厅在楼下，二、三展厅在楼上。3 个展厅分 7 个时期展示陶行知光辉的一生。还有一个特殊展厅，那就是第四展厅，是陶行知在崇一学堂读书时的宿舍。当年陶行知就是在那间宿舍的墙壁上写下了“我是一个中国人，要为中国做出一些贡献”的豪言壮语，现在这个展厅保持着当年的风貌。第五展厅为书画厅，陈设了陶行知的大量书籍、文稿和书画作品等。

陶行知生平

1891 年 10 月 18 日，陶行知出生于安徽省歙县。当时中国正处在内忧外患之中，勤奋好学的陶行知自幼就立下了救国救民的大志向。

1905 年，陶行知进入英国教会办的学堂读书，只有 14 岁的他在宿舍的墙上写下了一行字“我是一个中国人，要为中国做出一些贡献”。

◎陶行知

1909 年，陶行知考入南京金陵大学，见到学校中的学生都以操着一口熟练的外文为荣，陶行知十分愤慨。为了宣扬中华文化，他与学校里的几个爱国学生一起创办了《金陵光》学报，并担任主笔。此后，陶行知接连在《金陵光》学报上翻译并发表了 20 多篇文章，每篇都饱含着忧国忧民的心情和振兴中华的理想。

1911 年暑假，陶行知回到家乡，参加了辛亥革命地方起义，迈出了人生中至关重要的一步。1914 年，陶行知以全校总分第一的成绩从金陵大学毕业，并由学校保送，赴美国留学。

1917 年，陶行知结束了在美国的学业，回到灾难深重的祖国。在写给妹妹的信中，陶行知这样说道：“我本是一个中国平民，无奈十几年的学校生活渐渐地把我向外国的贵族方向转移，好在我的中国性、平民性是很丰富的。我的同事都说我是一个‘最中国的’留学生。经过一番觉悟，我就像黄河绝了堤，向着那中国的平民的路上奔流回来了。”

陶行知回国后，历任南京高等师范学校教授、教务主任，东南大学教育科主任等职。1919 年，“五四”运动在各地如火如荼地开展了起来，陶行知立即投身到反帝爱国斗争的浪潮中。

5 月 7 日，南京鸡鸣寺召开全市中等以上学校代表会议，决定通电

◎油画：《五四运动》

北平政府，要求立即释放被捕学生，并组织“国耻纪念筹备会”。9日，南京各界6000人在小营演武厅召开国耻纪念大会。陶行知在会上发表演说，反对签订巴黎和约，要求取消21条卖国条约，他的演讲激起了会上所有人的爱国热情。

1926年，陶行知起草发表了《中华教育改进社改造全国乡村教育宣言》。1932年，他创办生活教育社及山海工学团，宣传生活教育，提倡教、学、做合一，以及小先生制。陶行知要求教育与实际结合，为人民大众服务，他设想以教育为主要手段来改善人民的生活。

1937年9月，陶行知得知，美国在一年之中运往日本的军用材料，占日本进口额的54.4%。1938年5月4日，陶行知在洛杉矶5000人大会上疾呼：“日本在中国杀死100万人的时候，有54.4万人是美国做帮凶杀死的！难道我们能袖手旁观、熟视无睹吗？凡不愿做帮凶的人请站起来。”会场上5000人同时起立，表示禁运决心。

这场演讲结束之后，美国码头工人纷纷罢工，拒绝把军火运往日本，这件事最后震惊了美国国会和整个社会。

陶行知还把在加拿大演讲的门票收入和华侨捐款一起寄到香港保卫中国同盟，并委托宋庆龄购买药品，转交给白求恩医疗队，直接支

◎育才学校旧址

援了根据地的抗日斗争。在印度，他拜访了甘地、泰戈尔等知名人士，促进了印度各界对中国抗战的了解和支持。这一爱国壮举为抗日救国，建立国际抗日统一战线做出了重大贡献。

一二·九运动后，陶行知在中国共产党的影响和帮助下，积极参加民主运动，并进一步认识到教育应为民族革命和民主革命服务。他先后创办了育才学校和社会大学，培养出不少革命人才，并曾帮助一些进步青年前往革命根据地。1945 年，陶行知加入中国民主同盟。

1946 年 7 月 25 日上午，陶行知因劳累过度，突发脑溢血病逝，终年 55 岁。临终前，他叮嘱自己的家人，要把遗体运到南京安葬，但要头朝北方，向着延安。

新四军军部旧址纪念馆及皖南事变烈士陵园

新四军军部旧址

新四军军部旧址纪念馆位于安徽省泾县云岭乡。1962 年，旧址开始进行修复重建工作，1985 年 9 月，新四军司令部、大会堂、修械所，

◎新四军军部旧址陈列馆

以及设于大会堂后的辅助陈列同时开放展出。1987 年 7 月，新四军政治部、战地服务团俱乐部及中共中央东南局三处旧址复原完成。

新四军军部旧址中收藏各类文物资料 6200 余件。其中重要文物有军长叶挺使用的望远镜，政治部主任袁国平在长征和新四军时期使用的毛毯，政治部副主任邓子恢使用过的马袋，还有叶挺送给副参谋长周子昆的怀表。

2001 年，新四军军部旧址纪念馆被中宣部公布为第二批全国爱国主义教育示范基地。

皖南事变烈士陵园，1990 年为纪念皖南事变新四军将士殉难五十周年，安徽省委、省政府决定兴建皖南事变烈士陵园。陵园位于泾县城西郊 1.5 公里处水西山南麓的桃花台，占地面积 15 万平方米，建筑面积 7000 多平方米。

走进陵园大门，正中间是邓小平题写的“皖南事变死难烈士永垂不朽”纪念主碑，周围是主题广场、主碑纪念广场和无名烈士墓。

陵园自 1991 年建成开放以来，共接待参观瞻仰者 140 余万人次，李瑞环、吴邦国、李贵鲜等十多位党和国家领导人来陵园视察，还有千余名新四军老战士及烈士家属、子女等来陵园追悼牺牲的战友和前辈。

1996 年，陵园被列为全国中小学爱国主义教育基地。2001 年，陵

◎皖南事变烈士陵园

园被中宣部评为全国爱国主义教育示范基地。如今，这里又被列为全国百个红色旅游经典景区之一，成为社会各界开展爱国主义教育活动的重要场所。

新四军简介

新四军全称“中国国民革命军陆军新编第四军”，是中国共产党领导的坚持华中抗日斗争的人民军队。

新四军是在国共两党合作抗日的形势下，经国民党当局同意，由江西、福建、广东、湖南、湖北、河南、浙江、安徽等地的红军游击队陆续改编而成的。新四军军长为叶挺，副军长为项英，张云逸、周子昆分别担任正、副参谋长，袁国平、邓子恢分任政治处正、副主任。

新四军下辖4个游击支队，10个团，1个特务营，共10329人。1937年12月25日，新四军在汉口建立军部，1938年1月6日移驻南昌。

在抗日战争中，新四军抗击和牵制了16万日军，23万伪军，作战2.2万余次，歼灭日伪军31万余人，新四军作战伤亡8.9万余人。新四军从最初的1万余人，发展到拥有主力21.5万余人，地方武装9.7万余人，计31万余人；另有民兵自卫队96万余人。建立了地跨苏、浙、

◎皖南事变烈士纪念主碑

◎皖南事变陈列馆

皖、豫、鄂、湘、赣七省的苏南、苏中、苏北、淮南、淮北、鄂豫皖湘赣、皖江和浙东八块抗日根据地，面积达25.3万平方公里，人口3420余万，为抗日战争的胜利作出了重要贡献。

至抗战胜利时，新四军主力部队与地方部队发展到31万余人，成为一支不可小视的战略力量。

千古奇冤

1940年10月，国民党顽固派发动了第二次反共高潮，强令在长江南北和黄河以南坚持抗战的新四军、八路军，在一个月内全部撤到黄河以北。中国共产党为了顾全抗日大局，做出让步，决定将皖南新四军撤到长江以北。

1941年1月4日，驻皖南的新四军军部、教导团和三支队共9000多人，在叶挺、项英率领下，由泾县云岭起程北上。1月6日，当部队到达茂林地区时，突然遭到国民党7个师8万多人的包围袭击。在军长叶挺的指挥下，新四军指战员奋起自卫，英勇抗击，激战7个昼夜，终因寡不敌众，弹尽粮绝，除约两千人突围外，大部分壮烈牺牲。副军长项英遭反革命分子杀害，军长叶挺被敌人扣押。这就是震惊中外的“皖南事变”，也是国民党掀起的第二次反共高潮。

“皖南事变”发生以后，周恩来怀着非常悲愤的心情，写下了“千

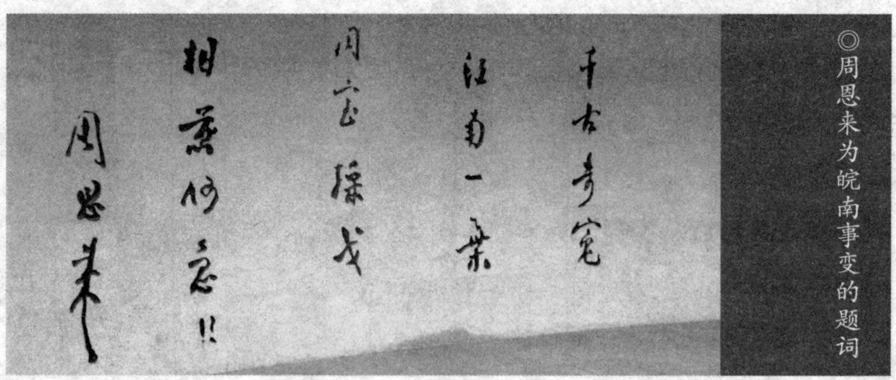

◎周恩来为皖南事变的题词

古奇冤，江南一叶，同室操戈，相煎何急”的诗句，发表在《新华日报》上，向国内外揭露蒋介石制造“皖南事变”的真相。

1941 年 3 月，蒋介石被迫“保证”决不再有“剿共”的军事行动。

王稼祥纪念园

纪念园简介

王稼祥纪念园位于安徽省芜湖市十一中校园内的狮子山上。纪念园始建于 1986 年，当时的国家副主席王震亲自到场，为王稼祥半身铜像揭幕。2001 年，王稼祥纪念园被中宣部公布为第二批全国爱国主义教育示范基地。

2006 年，纪念园在芜湖市政府的大力支持下，实施了改扩建工程。扩建后，王稼祥纪念园占地面积 1.24 万平方米，建筑面积 1700 平方

◎王稼祥纪念园

◎王稼祥纪念园综合馆

◎王稼祥纪念园藏馆

米，由生平陈列馆、综合馆、藏馆等组成。纪念广场面积 2000 平方米，由铜像、浮雕墙组成。

王稼祥生平陈列馆设有 6 个展厅，分别介绍了王稼祥在中国革命各个历史时期中的重大贡献和丰功伟绩。馆内收集并陈列了王稼祥珍贵遗物 110 余件，重要信件文章 130 件，照片 200 余幅。

综合馆设有贵宾室和可容纳 80 人的影像厅及临时展厅。

王稼祥生平藏馆再现了王稼祥办公室及卧室，珍藏了王稼祥生前藏书共 1200 余册，及生前使用的各类遗物，前苏联领导人伏洛希洛夫赠给王稼祥的吉姆轿车亦珍藏于此。

关键的一票

1934 年 10 月，在共产国际军事顾问李德的错误指挥下，红军的第五次反“围剿”遭到失败，党中央被迫放弃根据地，开始长征。时任中共中央政治局候补委员、红军总政治部主任的王稼祥感觉到，李德根本不了解中国国情，只是按照苏联的套路来指挥红军作战。他曾气愤地指责道：“像李德这样指挥红军，哪能不打败仗！”同时，他也对当时被排斥的毛泽东产生了怜悯和敬仰之情。

长征开始后，王稼祥与毛泽东同行，毛泽东经常向他讲解自己的军事思想。在交谈的过程中，王稼祥越来越觉得毛泽东所坚持的思想和道路才是正确的。不久，王稼祥找到自己在莫斯科中山大学的同学张闻天，提议撤换博古和李德，改由毛泽东领导红军。这个提议马上得到了张闻天的支持，于是两人又找到周恩来、朱德等人，说出了这个提议，没想到一呼百应，得到了大家的一致赞同。

1934 年 12 月 11 日，红一军团 2 师 5 团攻占通道县城。次日，中

◎王稼祥雕像

◎黎平会议会址

央在这里召开紧急会议，史称“通道会议”，主要讨论红军的去向问题。李德仍然一味坚持红军主力北上湘西，与贺龙领导的红二、六军团会合。其实这正中蒋介石的下怀，他已在去湘西的路上布好口袋，等着红军往里钻。毛泽东当即站出来反对，认为如果继续按原计划前往湘西，红军就有全军覆没的危险。只有西进，向敌人统治力量薄弱的贵州进军，才会有出路。王稼祥、张闻天、周恩来都支持毛泽东的观点，使毛泽东的建议获得通过。

1934 年 12 月 14 日，红一军团 2 师 6 团攻占贵州黎平。12 月 18 日，中央政治局会议在黎平召开，史称“黎平会议”。经过毛泽东、王稼祥、张闻天的极力争取，会议通过了《中央政治局关于战略方针之决定》，指出：“鉴于目前所形成之情况，政治局认为过去在湘西创立新的苏维埃根据地的决定，在目前已经是不可能的，并且是不适宜的。”从而彻底否定了李德前往湘西的计划。从此，红军甩开国民党的十几万大军，西进贵州，开始由被动转入主动。

1935 年 1 月 15 日，遵义会议召开。会议开始后，博古对第五次反“围剿”的失败做总结，片面强调敌强我弱等客观因素，回避自己在指

挥方针上的错误。接着，周恩来做副报告，他勇敢地承担了自己所应负的责任，与博古形成了鲜明的对比。接下来，在张闻天发表讲话后，毛泽东开始发言。他不仅对博古、李德的错误军事路线进行了尖锐批评，更对中国革命战争的战略问题进行了系统阐述。

王稼祥在听完毛泽东的讲话后，更加坚定了支持毛泽东的信念。他旗帜鲜明地表示赞成毛泽东的发言和张闻天的“反报告”，批评博古、李德在军事指挥上的错误，提议应当由毛泽东出来指挥红军，要求取消李德、博古的军事指挥权。

事后，毛泽东非常感激王稼祥在这次会议上的支持，称之为“关键的一票”。他常对人说：“王稼祥是最早就支持我的，遵义会议上没有他不行，他投了关键的一票。”

遵义会议决定增选毛泽东为中央政治局常委，取消了“三人团”，取消了博古、李德的最高军事指挥权，并确定了周恩来、王稼祥、毛泽东为成员的新“三人团”。从此，中国革命的历史揭开了崭新的一页。

◎毛泽东、周恩来、王稼祥(右起)新的最高“三人团”腊像

坚定的意志

1933 年 4 月，王稼祥在第四次反“围剿”战争中遭遇空袭，肠子被炸穿。在没有麻药的情况下，他忍着剧痛经历了 8 个小时的手术。由于恶劣的医疗条件，王稼祥肠子里的弹片未能取出，只好采取保守疗法。

1934 年 1 月，王稼祥当选中央政治局候补委员。同年秋天，他腹部通着管子，坐着担架参加了长征。过雪山草地时，他肠子流脓，甚至爬出蛔虫，但王稼祥仍以常人难以想象的毅力坚持下来。到达陕北后，他因伤情恶化被中央派人秘密送往上海治疗。

1937 年夏，王稼祥转赴莫斯科治伤并任中共驻共产国际代表。翌年 8 月，他回到延安，任中央军委副主席和八路军总政治部主任。1944 年，他因伤口恶化病倒而无法工作，1946 年再度被送到苏联治疗。1947 年，王稼祥回国到达东北解放区，任东北局城工部长。

新中国成立后，王稼祥曾任新中国首任驻苏联大使。1951 年回国后，长期担任中央对外联络部部长，1956 年当选中央书记处书记。由于当年的老伤留下了后遗症，王稼祥在工作时腹部总是捂着一个热水袋。

1974 年 1 月 25 日，王稼祥在北京病逝，终年 68 岁。

淮海战役双堆集烈士陵园

陵园简介

淮海战役双堆集烈士陵园位于安徽淮北市濉溪县双堆集南面，东西长 368 米，南北宽 292 米，面积 10.6 万平方米。烈士陵园修建于 1976 年，1981 年 10 月落成并开放。

◎淮海战役双堆集烈士陵园

进入陵园大门，南北两侧各有一个面积为 1250 平方米的池塘，中间是一条宽阔笔直的主干道，直通陵园正中央的纪念碑。纪念碑南侧的尖谷堆为新石器时期的文化遗址，也是淮海战役双堆集地区歼灭战期间国共双方激烈争夺的制高点。

1995 年 12 月，陵园被批准为安徽省首批爱国主义教育示范基地。2000 年陵园被批准为省级重点烈士纪念建筑物保护单位。2001 年 6 月，陵园被中共中央宣传部列为全国第二批爱国主义教育示范基地。

双堆集战役

双堆集歼灭战是淮海战役的第二阶段，也是继歼灭黄百韬兵团之后，中原野战军在华东野战军的密切配合下，在双堆集地区进行的又一次大规模歼灭战。

在黄百韬兵团被包围在碾庄圩时，除了邱清泉、李弥兵团被蒋介石派来增援外，还有一支精锐部队被华东野战军阻击在了碾庄圩之外，这就是国民党第 12 兵团。

国民党第 12 兵团司令官黄维，江西贵溪人，毕业于黄埔军校第 1

◎尖谷堆

期，曾赴德国深造。黄维一路追随蒋介石，反共态度十分坚决。蒋介石也视其为心腹，将五大王牌之一的第18军交给黄维指挥。1948年9月，蒋介石命令黄维担任新组成的第12兵团司令官，下辖4个军和1个快速纵队，共12万人。

淮海战役初期，黄维兵团奉命驻守豫南。不久，邱清泉及李弥兵团奉命东进救援黄百韬兵团，大本营徐州空虚。权衡之下，蒋介石下令黄维急速向徐州靠近，北上增援。

黄维立即率部从河南确山出发，日夜兼程向东进军。为了牵制黄维的行军速度，给予主力部队足够的时间部署包围圈，中原野战军6纵、9纵、4纵分别在黄维进军沿线布置阻击。

黄维这一路走得很辛苦，除了华野和中野的阻击部队外，还有无数的地方武装不断进行骚扰侵袭，破坏桥梁铁路，使其机械化部队无法快速通过。一路损兵折将之后，直至11月22日，黄百韬兵团全部被歼灭时，向宿县前进的黄维兵团被中原野战军阻击在了浍河南岸的南坪集地区，距离徐州尚有100公里。

11月24日，黄维兵团一头扎进了早已布好的“口袋”。黄维发觉形势不妙，立即命令各部向南收缩，准备沿浍河南岸向双堆集、固镇方向前进，先同李延年兵团会合，然后沿津浦路北进。

但为时已晚，当日黄昏，中原野战军全线出击。第1、第2、第3、第6纵队分别从孙町集、五沟集、白沙集、曹市集，由西向东突击；第11纵队从蕲县由东向西突击，第4、第9纵队从伍家湖、邵瓦房由北向南突击。至25日晨，将黄维兵团包围在宿县西南以双堆集为中

心、纵横约 7.5 公里的地区内。

陷入包围的黄维惊恐万状，他仿佛看到了自己走上黄百韬的覆辙。11 月 26 日，国民党军第 85 军 110 师师长廖运周刚刚到达双堆集附近，黄维就派人把他请到兵团部。

廖运周到达兵团部后，竟主动向黄维请缨，愿做突围的先头部队。这让黄维既诧异又激动，他暗自发誓，如果逃过此劫，一定保这位廖师长飞黄腾达。

廖运周果然没有让兵团司令“失望”，很快就用自己的行动给黄维留下了刻骨铭心的印象。

27 日清晨，一场突如其来的大雾弥漫天地，能见度极差。廖运周率领 110 师 5000 余人借着浓雾的掩护开始了突围。早在前一天的作战会议上，廖运周就曾向黄维建议，应该趁解放军的包围圈还没有彻底合拢，利用伏击队伍之间的空隙大胆穿插出去。这个看似胆大妄为的主意获得了黄维的支持，这个时候，除了相信那一丝虚无缥缈的运气外，还能怎么样呢?

不得不说，廖运周和他的 110 师真的受到了幸运的眷顾，顺利地从一处缺口走出了解放军的包围圈。按照约定，廖运周立即通过无线发报机向黄维报告了突围成功的消息和突围路线。黄维喜出望外，急忙传令部队按照原定计划向廖运周指出的路线靠拢。

可是，黄维万万想不到的是，毫无防备的部队遭到了解放军猛烈的袭击。密集的炮火很快使部队乱成一团，在混乱中如无头苍蝇般撞来撞去。突如其来的袭击让黄维呆若木鸡，他实

◎双堆集烈士陵园纪念碑

在想不清楚，为什么廖运周就能一枪未放地走出包围圈，而自己却遭到了如此猛烈的阻击？

原来，黄埔毕业的廖运周自 1928 年起，就接受中共党组织的领导秘密从事地下兵运工作。1937 年，廖运周所在的部队开赴河南焦作，与豫北管区合并成师，当时的豫北管区的司令官张轸，北伐时曾是以程潜为军长、林伯渠为党代表的第 6 军的一名师长，因此政治立场是反蒋的。廖运周迅速与党组织取得联系，党组织交给他的任务是："在这个部队隐蔽精干，发展势力，掌握兵权。"自那时起，共产党员廖运周一直隐蔽在 110 师，历任团长、旅长、副师长和师长等职。这一漫长的潜伏过程是艰辛和危险的。而 110 师的官兵在廖运周的影响下，早已不愿为蒋介石卖命。来到双堆集后，廖运周迅速与党组织取得了联系，联手演了一出好戏。

黄维被这场欺骗气得暴跳如雷，却又无可奈何。经过一番激战后，负责先期突围的 4 个师损兵折将，丢下大批尸体狼狈地退回了双堆集。第一次突围失败了。

28 日，不甘心的黄维再次组织起大规模的突围冲锋。这次黄维下了血本，将王牌 18 军调到了前面，以 3000 名装备精良的死硬分子为先锋，嚎叫着向解放军的阵地发起一波波的猛烈进攻。这种盲目的自杀式冲锋持续了两天，黄维将东西南北四个方向都试了一遍。撞得头破血流之后，黄维终于死了心，将部队收缩至以双堆集为中心，东西约 13 里，南北约 10 里的狭小地域内。

既然突围无望，黄维重新调整了部署，固守待援。剩下的时间，就是接连不断地向蒋委员长拍发求救电报了。

蒋介石知道黄维兵团被包围后，不由得焦头烂额。他手上仅余的部队别说前往救援，恐怕一个照面就会被解放军消灭，连塞牙缝都不够。蒋委员长只好画了一张又一张的大饼，为包围圈内的黄维充饥。他派飞机向双堆集洒下了漫天的"嘉慰令"，实在是令黄维哭笑不得，

心里暗暗痛骂之余，嘴里还要感谢委员长的信任和嘉奖。

双堆集内一片愁云惨雾，粮草供给早就断了。国民党士兵把双堆集内活着的东西全部抓来果腹。百姓的鸡鸭猫狗吃光了，士兵们杀军队的骡马吃。包围圈内的东西都被士兵烧光了，就连蒋介石空投的弹药都被散扔在地上。因为争抢粮食而发生的火拼，每天都在上演着。凛冽的寒风中，国民党伤员的呻吟声格外刺耳，一个寒夜过后，就不知道有多少人再也见不到清晨的太阳。

在中央军委的指示下，解放军一面加固阵地，增强防御，一面发起了强大的政治攻势。同时，中野及华野领导也数次对黄维劝降，无奈黄维拒不投降，扬言甘愿为“党国尽忠”。

1948 年 12 月 5 日，刘伯承司令员、陈毅司令员、邓小平政委联名为全歼黄维兵团向各纵队颁发了总攻命令。

6 日 16 时 30 分，中原野战军全线发起攻击。由第 4、第 9、第 11 纵队和华东野战军特纵炮兵主力及豫皖苏军区独立旅编成的东集团，由第 1、第 3 纵队和华东野战军第 13 纵队及炮兵一部编成的西集团，由第 6 纵队和华东野战军第 7 纵队、陕南军区第 12 旅编成的南集团，同时对当面之黄维兵团各军发起突击，战斗空前激烈。

激烈的战斗进行了 7 天 7 夜，至 13 日，中野将黄维兵团压缩在东西不过 1.5 公里的狭长地域。刘伯承、陈毅适时发出《促黄维立即投降书》，但是黄维仍然负隅顽抗，拒绝放下武器。为迅速解决战斗，中共淮海前线总前委再次调整部署，以华东野战军第 3、第 13 纵队加入南集团作战。当日晚，解放军发起总攻。至 15 日黄昏，黄维兵团全部被歼。

讽刺的是，一直叫喊着为“党国尽忠”的黄维并没有随着兵团的灭亡而奋战到底，而是混入了俘虏中，隐姓埋名，企图蒙混过关，但终被解放军识破。一番苦费心机，不过是徒增羞辱罢了。

双堆集一战，是淮海战役第二阶段中规模最大的战役。人民解放军消灭国民党军 1 个兵团部 4 个军 11 个师，共 10 万余人，其中俘虏

◎双堆集烈士公墓

中将兵团司令官黄维以下官兵4.6万余人，毙伤4.6万余人，起义5500余人，投诚3300人。缴获各种火炮870门、坦克15辆、汽车300余辆，及其他大批武器弹药等。

安徽省博物馆

博物馆简介

安徽省博物馆位于合肥市安庆路中段，占地面积约70亩，是安徽省唯一集自然、历史、社教为一体的省级综合类博物馆。2001年，安徽省博物馆被中宣部公布为第二批全国爱国主义教育示范基地。

解放初期，合肥先后成立了合肥科学馆、皖北文管会，在芜湖成立了芜湖科学馆、皖南文物馆。1953年4月23日，“安徽省博物馆筹备处”在合并上述机构的基础上成立了。

1954年8月，建筑面积达11580平方米的陈列大楼破土动工，1956年2月工程竣工，同年11月14日安徽省博物馆正式成立，陈毅为该馆题写了馆名。

◎安徽省博物馆

馆藏文物

安徽省博物馆文物库房占地 4156 平方米。馆藏文物有历代铜、陶、瓷、金、银、玉器、货币、书画、民俗、砖雕石刻、文房四宝、革命文物及社会主义建设时期的文物等，总计 104684 件。其中古籍 109126 册，一级藏品 135 件。

◎蔡侯墓出土的莲瓣铜壶

藏品中最具特色的，是历年来安徽各地出土的商周青铜器，如寿县蔡侯墓出土的莲瓣铜壶，通高 80 厘米，器形高大，盖顶作镂空的莲瓣形，颈部有对称的兽形双耳，四兽作足，造型生动，为春秋时期少见的艺术珍品。寿县楚王墓出土的楚大鼎，通高 113 厘米，口径 87 厘米，重

◎楚大鼎

约400千克，形体高大，是现存周代以来最大最重的鼎，仅次于1939年河南安阳出土的商代后母戊大鼎。

该馆珍藏的古代瓷器有1963年宿松县北宋墓中出土的青白瓷注子与注碗，注子高20.2厘米，碗高13.9厘米，是景德镇青白瓷中少见的佳作，也是宋瓷断代中的珍贵标准器物。

铁画是中国传统工艺美术中的一种，具有立体感和独特的艺术风格，馆藏清初铁画名家梁在邦的作品《芦蟹图》是铁画中的代表作。

铁画历史

在安徽省博物馆内陈列着许多铁画精品，除了梁在邦的《芦蟹图》以外，还有清朝汤鹏的草书铁字联。

铁画，也称铁花，是安徽芜湖著名传统工艺美术品，相传是明末清初安徽芜湖铁匠汤天池所创造，以后逐渐流传到北京和山东等地，并享誉四海。铁画的题材有人物、山水、花鸟等，形式有立体和半立体的。

芜湖铁画以锤为笔，以铁为墨，以砧为纸，锻铁为画，鬼斧神工，气韵天成，并以历史悠久、风格独特、工艺精湛、技艺高超著称于世。

铁画始于明末清初的康熙年间，由芜湖铁工汤天池与芜湖画家萧尺木相互砥砺而成，至今已有340多年历史。芜湖铁画源于国画，具有新安画派落笔瘦劲简洁、风格冷峭奇倔的基本艺术特征，是纯手工锻技艺术。它以铁为原料，经红炉冶炼后，再经锻、钻、抬、压、焊、锉、凿等技巧制成。既具有国画的神韵又具雕塑的立体美，还表现了钢铁的柔韧性和延展性，是一种独具风格的艺术。

芜湖铁画曾参加法国巴黎世界博览会、匈牙利布达佩斯造型艺术展，并赴日本、科威特、意大利、尼日利亚、沙特、香港等 20 多个国家和地区展出。

1959 年到 1960 年，铁画艺人储炎庆和几位弟子制作的大型铁画《迎客松》、《梅山水库》和铁书法《沁园春·雪》等作品布置在人民大会堂。

芜湖铁画历经了 340 多年的承传和发展，在传统形式的尺幅小景、画灯、屏风基础上，又创有立体铁画、盆景铁画、瓷板铁画和镀金铁画，形成了座屏、壁画、书法、装饰陈设和文化礼品等五大系列二百多个品种，以其与众不同的艺术风格和魅力，在艺坛独树一帜。

金寨革命烈士陵园

陵园简介

金寨革命烈士陵园位于安徽省六安市金寨县梅山镇。陵园始建于 1964 年，占地 26.9 万平方米，园内先后修建了革命烈士纪念塔、革命博物馆、红军纪念堂、红军将军墓园、金寨县红军广场等标志性建筑物。

1964 年，刘伯承亲自为金寨革命烈士纪念塔题词“燎原星火”。1982 年邓小平亲笔题写“金寨县革命博物馆”馆名。1994 年江泽民亲笔为革命烈士陵园题名“金寨县烈士纪念馆”。

2005 年，金寨革命烈士陵园被中宣部公布为第三批全国爱国主义教育示范基地。

◎金寨县烈士纪念馆

◎金寨县革命博物馆

历史沿革

金寨县位于鄂豫皖三省七县二区的结合部，原名“立煌县”，1947年改称“金寨县”。

1921年，中国共产党诞生后，金寨的进步青年蒋光慈、王明、袁汉铭、詹谷堂等人相继入党，并于1924年秋建立了地方党组织。大革命中，金寨党组织发动农民掀起了轰轰烈烈的反帝反封建运动。

◎金寨红军纪念堂

1929 年 5 月，金寨爆发了商南起义，同年 11 月又爆发了六霍起义。此后，红军第 32 师、33 师分别成立，豫东南、皖西两块革命根据地逐渐创建起来。

1930 年春天，中共中央为统一领导鄂豫边、豫东南、皖西三块根据地，在上海召开会议，决定成立鄂豫皖特区，郭述申担任特区书记。三地武装合编为红 1 军，许继慎担任军长、徐向前担任副军长。同年 6 月，鄂豫皖苏维埃政府在金寨成立，甘元景任主席。至此，总面积约 1.5 万平方公里，人口超过百万的鄂豫皖苏区正式形成。

1931 年 1 月，红 1 军与蔡申熙率领的红 15 军合编为红 4 军。4 月，张国焘、陈昌浩、沈泽民等来鄂豫皖苏区，先后成立了中共鄂豫皖中央分局、军委会和鄂豫皖省委、省苏维埃政府。

1930 年冬至 1932 年夏，红军在连续取得三次反“围剿”胜利后，于 1931 年 10 月在麻埠创建了以旷继勋为军长的红 25 军。11 月，红 25

◎金寨红军烈士墓园

军又与红 4 军组成了以徐向前为总指挥的红四方面军。

金寨先后建立了豫东南、皖西北两个区和六安、霍邱、五星、赤城、赤南五个县的各级苏维埃政权，大力开展土地革命和经济文化建设，使根据地不断发展壮大。

1932 年秋，鄂豫皖苏区第四次反“围剿”斗争失利，红四方面军主力战略转移。在艰难的环境里，红军又分别组建了红 27 军、红 28 军和 1、2、3 路游击师。红 25 军、28 军两次合编也都发生在金寨。

1934 年 11 月，合编后的红 25 军由中央派来程子华率领北上抗日。1935 年至 1937 年，高敬亭率领的红 28 军和地方武装在此坚持了三年艰苦卓绝的游击战争，使革命的红旗高高飘扬在大别山上。

抗日战争时期，金寨儿女响应征召，踊跃参加新四军四支队，东进抗日。中共安徽省工委、鄂豫皖区党委、新四军驻皖机关和中共立煌中心县委、皖西省委均设此，由彭康、郑位三负责，与迁驻这里的国民党安徽省政府，及第五战区 21 集团军国民党右派势力展开了错综复杂的斗争，领导了以金家寨为中心的边区抗日救亡运动。其间，新四军叶挺、张云逸等曾来此视察工作。

解放战争中，刘邓大军千里挺进大别山，重建根据地。刘伯承、邓小平、李先念、李达等中原局领导同志多次转战于此，领导军民共同战斗，迎来了全国解放的胜利。

◎金寨革命烈士纪念塔

在数十年的革命疾风暴雨中，金寨县 10 多万英雄儿女参军参战，用生命和鲜血支援了革命战争，为中国人民解放事业做出了巨大贡献。现已追认的革命烈士有 1 万余人。

新中国成立初期，健在的县籍老红军有 700 余人。1955 年至 1965 年被授少将以上军衔的有 59 人。因此，金寨县被誉称为“红军的故乡”、“将军的摇篮”。

◎千里跃进大别山雕像

渡江战役总前委旧址纪念馆

纪念馆简介

渡江战役总前委旧址纪念馆位于安徽省合肥市东郊的肥东县。纪念馆现有藏品125件，多为渡江战役有关的文物、文献、资料等。其中较为珍贵的有总前委领导人邓小平、陈毅等使用过的公文包，文件箱、办公桌、椅、床等40余件。还有嵌在陈毅卧室墙壁上陈毅亲笔写的七绝诗“旌旗南指大江边，不尽洪流涌上天。直下金陵澄六合，万方争颂换人间”。2005年，该馆被中宣部公布为第三批全国爱国主义教育示范基地。

渡江战役总前委旧址纪念馆共分九个部分，分别为总前委旧址、中共中央华东局旧址、总前委参谋处旧址、机要处旧址、秘书处旧址、后勤处旧址、警卫营旧址、医院旧址和《渡江颂》书画展厅。纪念馆现有实物、图片700余件，以及将帅题词、书画作品108幅，党政领导题词36幅。

◎渡江战役总前委旧址纪念馆

总前委旧址原是清末五品官员王景贤的宅第，为两进四合院。一进正屋东房为陈毅卧室，西边第一间是时任华东局常委、宣传部长、军区政治部主任舒同的卧室，继续往里走，最里面一间是刘伯承的卧室，两侧厢房是警卫

◎总前委旧址

人员的居室。

二进正厅是总前委会议室。正面屏风上悬挂毛泽东、朱德的画像。北侧正中的展橱里展出的是渡江战役前夕，邓小平在总前委、华东局联席扩大会议上，部署渡江作战任务和接管江南新区等文字材料。总前委书记邓小平的卧室在二进的东间，室内按原状陈列着架子床和一套西式办公桌，还有邓小平当年用过的一盏煤油灯。这盏灯是邓小平离开瑶岗时送给房东的。

紧挨着总前委旧址西边的是机要处旧址。它是三进四厢，两座四合院，原是清末官员王景贤二弟的宅第，总前委进驻瑶岗后，机要处工作人员曾在这里生活和工作。再往西南行 50 米，便可见到防空洞遗址，防空洞面积约 60 平方米，深 6 米，中间留有直圆形土柱。

华东局旧址位于总前委旧址的东北部，为两进两厢四合院。门上方的“中共中央华东局瑶岗村旧址”匾额为原华东局第三书记魏文伯题写。一进是时任华东局书记饶漱石、华东局常委、组织部长张鼎丞和财委主任曾山的办公和住宿处。二进是会议室和工作人员办公和住

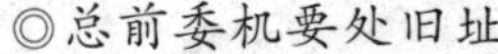
◎总前委机要处旧址

◎总前委秘书处旧址

宿处。

从华东局旧址往西行约 200 米，便可见到又一座绿树掩映中的四合院，这便是总前委参谋处旧址。参谋处现在为渡江战役及解放战争期间部分珍贵革命文物展厅，这里收藏并陈列着渡江战役及解放战争期间的各种枪支、枪套、斧头、报刊、肩章、被褥和各种生活用品。在渡江战役总前委旧址内，设有名为“渡江颂”的书画展厅。“渡江颂”匾额为原中共中央军委副主席张震上将亲自题写。

百万雄师过大江

辽沈、淮海、平津三大战役过后，国民党的精锐军事力量已被消灭殆尽。残存的国民党军可用于作战的兵力只剩下 140 万人，而此时的人民解放军总兵力已达 400 万人，全国解放已指日可待。

蒋介石为了赢取时间，重整兵力，一方面于 1949 年 1 月 21 日宣布“引退”，由副总统李宗仁任“代总统”，并出面与中共和谈。另一方面

◎渡江战役总前委参谋处旧址

则积极组织长江防御，企图借长江天险，阻止人民解放军渡江南进。

以毛泽东为首的中央军委早已看穿蒋介石的缓兵之计，于是也一边与国民党谈判，争取和平解放全中国，一方面开始筹备渡江战役。

根据中共中央和中央军委的统一部署，刘伯承、邓小平统帅的第二野战军从中原出发；陈毅、粟裕、谭震林统帅的第三野战军从沂蒙出发；林彪、罗荣桓统帅的第四野战军从平津出发。三路劲旅，百万大军，浩浩荡荡，千里跃进，犹如铁流滚滚，直扑长江北岸。

3 月 31 日，总前委在瑶岗指挥部会议室召开二、三野战军高干会议，邓小平亲自主持制定了《京沪杭战役实施纲要》，决定组成东、中、西 3 个突击集团，采取多路突击的战法实施渡江作战。以第三野战军 8 个军 35 万人，组成东突击集团，在粟裕、张震指挥下，在扬中至靖江段渡江；以第三野战军 7 个军 30 万人组成中突击集团，在谭震林指挥下，于安徽裕溪口至枞阳镇段渡江；以第二野战军 9 个军 35 万人组成西突击集团，在刘伯承指挥下，于枞阳镇至望江段渡江。

1949 年 4 月 15 日，国共双方和谈代表拟定了《国内和平协定》，但南京国民党政府却拒绝签字。

4 月 20 日，中央军委下达命令：“二野、三野各兵团于 20 日开始

◎油画：《渡江战役》

攻击，22 日实行总攻”。20 日下午 5 时，解放军江北炮兵阵地万炮齐发，6 时整，由第三野战军 7、9 兵团组成的中突击集团率先发起渡江作战，由此拉开了渡江战役的序幕。

21 日，中突击集团已占领铜陵、繁昌、顺安等地，东西两突击集团，也在解放区群众的大力支援下，开始横渡长江。百万大军一举击破了国民党军水上障碍，粉碎了南岸守军抵抗、突破江防。东集团在突破江防时，争取到国军江阴要塞守军和国民党海军第二舰队倒戈，于是江阴炮台立即掉转炮口向国民党军开炮，江面由此被解放军所控制。

22 日，渡江部队占领并扩大了滩头阵地。至此，国民党军苦心经营达三个月之久的长江防线完全崩溃，人民解放军百万大军胜利渡过长江。

毛泽东在北平双清别墅闻讯后，提笔写下《七律·人民解放军占领南京》：钟山风雨起苍黄，百万雄师过大江。虎踞龙盘今胜昔，天翻地覆慨而慷。宜将剩勇追穷寇，不可沽名学霸王。天若有情天亦老，人间正道是沧桑。

5 月 3 日，人民解放军攻占杭州，至 5 月 27 日，又接连解放上海

等地，共歼俘敌 40 余万。震惊中外的渡江战役自 4 月 20 日至 6 月 2 日崇明岛解放宣告胜利结束，为中华人民共和国的诞生和大陆的解放奠定了基础。

合肥蜀山烈士陵园

陵园简介

蜀山烈士陵园位于合肥西郊风景区大蜀山东麓，占地约 18 万平方米，是安徽省规模最大的烈士陵园。2009 年，合肥蜀山烈士陵园被中宣部公布为第四批全国爱国主义教育示范基地。

蜀山烈士陵园的前身为安徽省烈士公园，始建于 1955 年。1976 年 3 月，为了突出爱国主义宣传教育作用，从原安徽省烈士公园中分离出一部分，成立合肥蜀山烈士陵园。蜀山烈士陵园现由“安徽革命烈士事迹陈列馆”、“大蜀山革命公墓”、“悼念广场”、“烈士纪念碑”等部分组成。

◎蜀山烈士陵园

◎安徽革命烈士纪念馆

安徽革命烈士纪念馆建筑面积 2642 平方米，陈列着全省具有代表性的 190 位烈士的光辉业绩，其中有陈独秀（中国共产党初期重要领导人）之子陈延年、人民军队的杰出将领、军事家许继慎、罗炳辉和彭雪峰、安徽省第一任省委书记王步文等革命先烈。陈列馆存有 450 幅图画及烈士手抄、名人字画、领导题词等，还有全省各地的烈士英名录。

英烈谱

在合肥蜀山烈士陵园里，记录了许多革命烈士的光辉业绩，其中既有人们所熟知的许继慎、彭雪枫等革命将领，也有许多并不广为人知的革命英烈。

陈延年，安徽安庆人，陈独秀长子，中共早期领导人之一。1922 年，陈延年与周恩来等人在法国巴黎一同创建了中国少年共产党，并于同年加入中国共产党。回国后曾担任中共广东区委书记，参与组织过省港大罢工。“四一二”事变后，陈延年前往上海重新组织当地共

◎蜀山革命烈士纪念碑

产党活动，1927年6月26日，不幸被国民党政府逮捕。

1927年7月4日晚，国民党反动军警将陈延年押赴刑场。面对敌人的屠刀，这位革命者昂首挺胸，视死如归。敌人喝令他跪下，陈延年却巍然屹立，毫不理会。几个敌人强行将他强摁倒在地，乱刀杀害。陈延年牺牲时，年仅29岁。

安徽寿县籍革命烈士曹渊，北伐战争时任叶挺独立团1营营长。作为整支部队的开路先锋，曹渊在贺胜桥、汀泗桥等著名战役中以少胜多，屡建奇功，后来在攻打武昌的战斗中牺牲，周恩来曾称赞他“为谋国家之独立，人民之解放而英勇牺牲”。

安徽籍战士王克勤在解放战争中英勇献身。他在牺牲前的两年的时间里，歼敌232名，俘敌14名，被誉为杀敌模范。

在安徽长期的革命斗争历史中，为革命牺牲的烈士是无法统计的。在蜀山陵园里的安徽革命烈士纪念馆中，那些已经牺牲的革命烈士和他们的光辉事迹，利用现代化的科技手段，被重新展现在人们的眼前，无数革命烈士的忠贞信仰和爱国热情至今仍闪烁着耀眼的光芒。

皖西烈士陵园

陵园简介

皖西烈士陵园位于安徽省六安市中心，建于 1953 年，是国家为纪念鄂豫皖革命根据地、红四方面军发源地、刘邓大军千里挺进大别山等重大历史事件和革命先烈而建造的。2009 年，皖西烈士陵园被中宣部公布为第四批爱国主义教育示范基地。

烈士陵园占地 55000 平方米，四面环水。经过几次较大规模的改建，园区现在建有烈士纪念塔、纪念馆、塑像、雕塑、碑林、亭廊、悼念广场等 10 多项纪念设施。

陵园先后征集收藏烈士档案 263 卷，烈士遗物、遗照 300 余件，书籍文献 550 件，货币票证 1083 件，战斗武器 100 余件，其中国家一级文物 13 件。馆藏文物数量、质量位居全省第一。

◎皖西烈士纪念塔

标志建筑烈士纪念塔位于陵园中央，由 3000 平方米的悼念广场和 3 米高的护花墙带包围。塔高 16 米，正面是毛泽东题词“人民英雄永垂不朽”，其他三面是碑文，记录了皖西人民革命斗争的史实。

纪念塔西边 50 米处是许继慎铜像。铜像高 3.05 米，重 3 吨，为纯青铜铸造。基座高 2 米，宽 1.5 米，长 3 米，正面是徐向前题词“中国无产

阶级军事家许继慎”。基座背面镌刻有许继慎生平事迹。

建园以来朱德、刘伯承等老一辈无产阶级革命家、知名人士和国际友人，都先后前来参观、题词、留言。

许继慎

◎许继慎雕像

在皖西烈士陵园内，有一座高大雄伟的烈士塑像，塑像单手叉腰，目光坚定，它的原型就是中国工农红军早期的杰出将领——许继慎。

许继慎，1901 年出生，安徽省六安县人。1924 年 5 月，经党组织推荐，考入黄埔军校第 1 期。在军校期间，他刻苦学习军事，阅读进步书刊，同年转入中国共产党。11 月，从黄埔军校毕业后留校，在新编教导 2 团任排长。在黄埔军校学习和工作时期，他积极参加以共产党员和共青团员为骨干的“青年军人联合会”，同国民党右派进行坚决斗争。

1925 年 2 月和 10 月，在统一广东革命根据地的两次东征中，许继慎等一批黄埔出身的基层指挥员，率部奋力作战，为击溃陈炯明等反动军阀的主力部队，扭转战局，立下了赫赫战功。由于在淡水战役中的突出表现，许继慎升任连党代表。在棉湖战役中，因作战勇敢，升任连长。同年 10 月，许继慎调任国民革命军第 1 军第 3 师第 7 团少校干事、团代理党代表。

1926 年 3 月，许继慎被调往政治训练班第 2 中队任队长。同年 7 月，在中国共产党推动下，广东国民政府正式举行北伐。由中国共产党直接领导的的国民革命军第 4 军叶挺独立团，作为北伐先遣队，5 月初从广东肇庆出师北伐。为了加强这支部队的领导，中共中央派出许继慎等 30 多名党团员到独立团工作。许继慎任第 2 营营长，参加了北伐战争攻打平江、汀泗桥、贺胜桥等著名战役。8 月底，许继慎在贺胜桥战役中身负重伤，坚持带伤指挥战斗，伤愈归队后，因作战英勇顽强，升任第 25 师第 73 团参谋长。

1927 年春，许继慎调往叶挺任师长的第 24 师 72 团任团长。5 月，率部参加击退叛军夏斗寅部的战斗，再次负伤。汪精卫武汉国民政府背叛革命后，曾以独立师师长的职位作诱饵，妄图策动许继慎叛党，被他断然拒绝。大革命失败后，他在安徽、上海等地从事党的秘密工作。

1930 年春，党中央派许继慎前往鄂豫皖苏区，任中国工农红军第 1 军军长，领导整编鄂东北、豫东南、皖西 3 块根据地红军，实现了鄂豫皖红军的统一领导和指挥。在许继慎等的指挥下，红 1 军从 6 月到 8 月，先后攻克皖西和京汉铁路南段许多城镇，毙伤俘敌军 7000 多人。红 1 军由组建时的 2300 多人很快发展到 5000 多人，有力地推动了鄂豫皖根据地的巩固和扩大。9 月，他率部先后攻克光山、罗山等城镇。11 月，许继慎率部歼灭国民党军第 26 师第 2 混成旅大部。之后，他又率领部队东进皖西，攻克金家寨、麻埠、独山、叶家集等地，歼敌 3000 余人，打乱国民党军对鄂豫皖苏区第一次“围剿”的部署。

1931 年 1 月，红 1 军和红 15 军合编为中国工农红军第 4 军。许继慎先后任红 4 军第 11 师、12 师师长，率部采取迂回包围，穿插分割等战术，取得孝感双桥镇大捷，获鄂豫皖红军首次全歼国民党军 1 个师的胜利，粉碎了国民党军对鄂豫皖苏区的第一次“围剿”。随后，他兼任鄂豫皖革命军事委员会皖西分会主席。

在这期间，许继慎坚决反对张国焘提出的远离苏区、冒险进攻的错误军事行动方针，同年 11 月，不幸被张国焘杀害于河南省光山县白雀园，年仅 30 岁。

2009 年，许继慎被评为“100 位为新中国成立作出突出贡献的英雄模范人物”之一。

江西省

江西自古以来物产富饶、人文荟萃。

上世纪20年代末至30年代初，中国共产党领导人民群众，在江西境内建立了广泛的红色革命根据地。

由中国共产党领导的武装在南昌打响了第一枪，毛泽东和朱德在井冈山建立了第一个农村革命根据地，中华苏维埃共和国临时中央政府在瑞金成立……这片赣鄱大地上，留下了太多的红色烙印。

中国革命的星星之火从这里点燃。

安源路况工人运动纪念馆

纪念馆简介

安源路矿工人运动纪念馆位于江西省萍乡市东南的安源镇。它的前身是安源路矿工人俱乐部遗址陈列室。1997 年，安源路矿工人运动纪念馆被中宣部公布为第一批全国爱国主义教育示范基地。

纪念馆创办于 1956 年，初称安源路矿工人俱乐部遗址陈列室。1964 年，新馆在此基础上修建，1968 年建成，改名为安源路矿工人运动纪念馆，该馆占地面积 10 万平方米，馆名由邓小平亲手书写。

建馆以来，纪念馆收集了大量文物和史料。现有馆藏文物 5100 余件，其中一级文物 11 件。馆藏文献史料和回忆录 5000 余份，照片、录音、录像资料 6000 件。

◎安源路况工人运动纪念馆

历史沿革

安源路矿工人运动纪念馆，是为研究与宣传安源路矿工人革命的运动史实，保护与征集安源路矿工人革命运动留下的文物和史料而修建的历史性纪念馆。

1922 年 9 月，安源路矿工人举行了震惊全国的大罢工，这次罢工以工人组织的完全胜利而告终，是中国第一次罢工浪潮中“绝无而仅有”的成功范例。在“二七”惨案后的全国工运低潮期间，安源工会“巍然独存”，是广东以外全国唯一公开存在的革命堡垒，有中国的“小莫斯科”之称。第一次大革命浪潮中，安源工人是湖南和赣西农民运动的重要推动者和组织者，又是北伐战争的重要参加者。

大革命失败后，毛泽东来到安源部署和发动了湘赣边界秋收起义，使安源成为秋收起义的主要策源地和爆发地之一。安源工人首先举起“工农革命军”的旗帜，转战湘赣边界。

毛泽东率领部队进军井冈山后，安源工人在党的领导下，参加了湘赣和湘鄂赣革命根据地的创建，有 5000 多人参加红军，在中国革命的第一次战略转变中发挥了重大作用。可以说，安源路矿工人运动的历史，完整地体现了中国工人运动的正确方向、致胜道路和最初历程。

在安源，中国共产党的许多著名活动家和重要干部如毛泽东、李立三、刘少奇、陈潭秋、蔡和森、毛泽民、肖劲光、夏明翰、恽代英、李维汉、黄静源等人，都在这里从事过革命活动，安源还走出了将近 40 位共和国将军。

安源大罢工

安源位于江西省西部，这里是中国近代民族工业最早崛起的地区之一。而安源路矿所属的汉冶萍公司，也是 20 世纪 20 年代中国最大的企业之一。

自从1921年中国共产党成立以来，毛泽东、刘少奇等老一辈无产阶级革命家便把安源路矿作为开展革命工作的重点地区之一。

1921年秋天，毛泽东来到安源，他下矿井、进工棚、走车间，与工人促膝谈心，宣传革命道理。这一年的年末，毛泽东再次来到安源，并建议组织安源路矿工人俱乐部。

1922年5月1日，为保护自己的合法权益，安源路矿工人在中共湘区委员会的领导下，成立了安源路矿工人俱乐部，李立三任主任。当时，安源路矿工人遭受着沉重的阶级压迫和剥削，过着牛马不如的悲惨生活，共产党领导的工人俱乐部不断发展壮大，工人们反抗的呼声也日益强烈。

9月上旬，安源路矿当局拒发拖欠工人的工资，并企图勾结军阀封闭工人俱乐部。在这个关键时刻，毛泽东从长沙赶到安源，召开路矿党支部会议。他系统地分析了当前形势，提出组织罢工斗争的条件已经成熟，并对罢工的准备工作做了部署。

9月11日，刘少奇到达安源参与大罢工的领导工作。12日，安源路矿党支部会议召开，会上成立了以李立三为总指挥，刘少奇为俱乐部全权代表的罢工总指挥部。李立三还提出“从前是牛马，现在要做人”的罢工口号，并决定于当月14日举行大罢工。

14日清晨，俱乐部监察队来到街市及工厂附近，张贴“候俱乐部通告方准开工”、“各归住房，不得扰乱”等告示。大罢工爆发后，工人俱乐部发表了《萍乡安源路矿工人大罢工宣言》，提出了改善工人待遇、增加工资等17项条件。

路矿当局竭力破坏罢工，他们先是设法收买工人，结果遭到拒绝。之后又悬赏600元大洋，派暗探刺杀李立三，也未能得逞。最后，资本家企图勾结军阀，想用武力镇压工人运动。

中共湘区委员会立即组织人员向军警宣传资本家压榨工人的恶行，得到了军警们的同情，资本家妄想用武力镇压工人运动的计划也未能

实现。随着种种阴谋被逐一粉碎，资本家们终于被迫同意妥协。

9 月 18 日，汉冶萍公司签订了承认工人俱乐部合法权利、改善待遇和增加工资等条约。5 天的大罢工运动至此结束。

此次安源路矿大罢工，共有 17000 多名工人参与，并最终以“未伤一人，未败一事”，取得了完全的胜利，显示了中国工人阶级的伟大力量。

南昌八一起义纪念馆

纪念馆简介

南昌八一起义纪念馆，位于江西省南昌市中山路西的“八一”南昌起义总指挥部旧址内。1997 年，南昌八一起义纪念馆被中宣部命名为第一批全国爱国主义教育示范基地。

南昌起义总指挥部原为江西大旅行社，是 1924 年建成的一座灰色五层大楼，共有 96 个房间。1927 年 7 月下旬，南昌起义指挥部租下了

◎南昌八一起义纪念馆

这个旅社。之后，参与起义的领导者在喜庆厅召开会议，成立了以周恩来为书记，李立三、恽代英、彭湃等为委员的中国共产党前敌委员会。江西大旅行社就此成为领导起义的指挥中心。

旧址大楼的门上悬挂着一幅匾额，馆名“南昌八一起义纪念馆”为陈毅亲手书写。

大楼的 2、3 层，被改造为 4 个陈列室和 1 个题词纪念室，以大量的历史文献资料、图表、照片、文物以及参加南昌起义的老同志题词，生动地再现了南昌起义的光辉历史篇章。

其中，曾经举行过领导会议的喜庆厅、周恩来工作过的 25 号房间、林伯渠的办公室兼卧室的 20 号房间、军事参谋团的办公地点 9 号房间、部分起义领导人住过的 10 号房间，以及在一楼天井两侧的警卫连和卫生处的部分住房全部按原貌修复一新。

◎林伯渠的办公室兼卧室

◎八一起义纪念馆二十五间房

◎警卫连住房

◎卫生队救护室

军旗上的纪念

1927 年 4 月和 7 月，蒋介石和汪精卫集团先后在上海和武汉发动了反革命政变，残酷屠杀共产党人和工农群众。为了反抗国民党反动派的屠杀政策，中国共产党决定发动反对南京和武汉国民党政府的军事行动，在南昌举行武装起义。当时，周恩来、贺龙、叶挺、朱德、刘伯承等率领的起义部队有 2 万余人，武装起义最终定于 8 月 1 日 4 时举行。

7 月 31 日这天，总指挥部异常忙碌。周恩来正在做起义前最后阶段的部署。就在他忙得不可开交的时候，一个警卫员送来一封信。周恩来看过文件后，立刻召集李立三、张国焘等前委成员召开了一个紧急会议。原来，信中报告说 20 军有个姓赵的军官私自溜到敌人指挥营去了，大概是叛变了。这个情况非常危急，敌人很可能已经开始对几个小时后的暴动做防范准备。经过一番商议，决定起义提前两小时，于 8 月 1 日二时开始。

8 月 1 日，南昌城里万籁俱静。这看似是一个平凡的夜晚，但对于驻守南昌城的国民党朱培德来说，更像是暴风雨前的平静。朱培德已经提前得到密报，悄悄做好了应对暴动的准备。

脖子上系着红领带，左臂扎着白毛巾的起义军，已经开始行动。不知是从哪一方向最先传来“砰砰”的枪声，总之电光火石之间，在这第一声枪响的引领下，南昌城枪声四起，炮声不断。

这场战斗异常激烈。起义军分为多股力量向驻守在南昌城的敌人进攻。教导队队长陈守礼负责带领十几个学员与 72 团的部分军官看守团部。起义打响没多久，就有一个团的敌人蜂拥而至，双方展开激烈交战。

敌人人数众多，一波一波地向陈守礼等人发起进攻。陈守礼一边指导第一次上战场的学员，一边向冲上来的敌人射击。忽然，就在陈守礼让一个学员趴下时，一发子弹打中了陈守礼的腹部。陈守礼身边的学员大声叫道："队长!"陈守礼下意识地看向学员，却没有力气回应，身体慢慢倒了下去，再也没能起来，光荣牺牲了。

在南昌城的另一边，叶挺第24师71团第3营用夜色做掩护，潜伏在天主堂附近。他们本打算向驻守在天主堂的敌人发起突袭，谁知突袭命令还没下达，远处就传来了枪声，应该是别处的战斗已经打响。营长黄序周暗叫一声"糟糕"，就看听到枪声的敌人从天主堂里出来，做出备战姿态。

此时再不发起进攻，主动地位就要变成被动，黄序周只好向全营下达作战口令。3营的战士们听闻口令，从草丛中一跃而起，向天主堂冲去。已经进入备战状态的敌人，见到3营战士冲过来，连忙集中火力进行攻击。"突突突"一通扫射，3营战士倒下了十几个。黄序周见敌人火力如此猛烈，硬攻只会损兵折将，连忙让战士撤回到安全地带。

黄序周连忙将情况汇报给团长欧震，欧震仔细研究了一下地图，说道："现在只有派出一组先遣队，顶着火力从正面打过去，打开天主堂大门。与此同时，再派出另一队人从侧后爬墙进去偷袭。形成两面夹击的形势。"

黄序周听了团长的吩咐后，立即展开部署。他亲自率领几十个人组成的一支先遣队向天主堂的大门冲锋。先遣队的战士在黄序周的带领下，冒着枪林弹雨，边躲闪边迅速前进，很快就到了大门不远处。一名战士拿出手榴弹，瞄准大门，连续扔了3个过去，只听"轰轰轰"三声，大门被炸开了。敌人一见大门被炸，立即想要调集所有兵力对黄序周等人发起猛烈攻击。就在这时，敌人身后也响起了爆炸声——从后墙潜入偷袭的分队赶到了！此时敌军腹背受敌，无法招架，很快便弃械投降了。

枪声唤醒了南昌城，鲜血染红了南昌城。当黎明来临，8月1日的红日从东方升起时，起义也获得了胜利。整个南昌城沸腾了，到处充满了喜庆的欢呼声，欢天喜地的锣鼓声。

南昌起义打响了武装反抗国民党反动统治的第一枪，宣告了中国共产党把中国革命进行到底的坚定立场，标志着中国共产党独立地创造革命军队和领导革命战争的开始。

为纪念南昌起义，1933 年，中共中央革命军事委员会在瑞金颁布命令，宣布 8 月 1 日为中国工农红军成立纪念日。1949 年初，毛泽东主席指示中国人民解放军总部，制作军旗时要有“八一”两字。1949 年 6 月 15 日，中国人民革命军事委员会发布命令，规定以“八一”字样作为中国人民解放军军旗和军徽的主要标志。从此，“八一”两个大字写在了人民军队的旗帜上。

朱德智擒敌团长

在南昌八一起义纪念馆里，有一件朱德捐献的革命历史文物，那是一把他在南昌起义时佩带的驳壳枪。这把枪陪伴着他走过了那枪林弹雨的岁月。新中国成立后，朱德把这件珍贵的历史文物捐献了出来。

1927 年初，朱德到达南昌，创办了国民革命军第三军军官教育团，同时兼任南昌公安局局长，为发展和保护革命力量做了大量工作。

南昌起义时，朱德根据前敌委员会的决定，部署军官教育团起义行动方案。除此之外，他还要完成一项特殊的任务，为敌团长设下一场“鸿门宴”！

7 月 31 日下午，朱德宴请敌第 23 团团长卢泽明、第 24 团团长肖胡子和两个副团长到嘉宾楼吃饭。几个人酒足饭饱之后已是深夜，之后，朱德又提出到大士院 32 号打麻将。两个敌团长在牌桌上玩得不亦乐乎，他们的卫兵也被朱德支到外面喝酒去了。朱德悄悄告诉自己的卫兵，阻止一切来访人员，并趁机卸了敌团长的自卫武器。

起义的时刻快到了，朱德借故离席，佩好手枪，做好起义前的最后准备工作。半夜以后，起义的枪声响了。几个敌团长惊恐万分，急

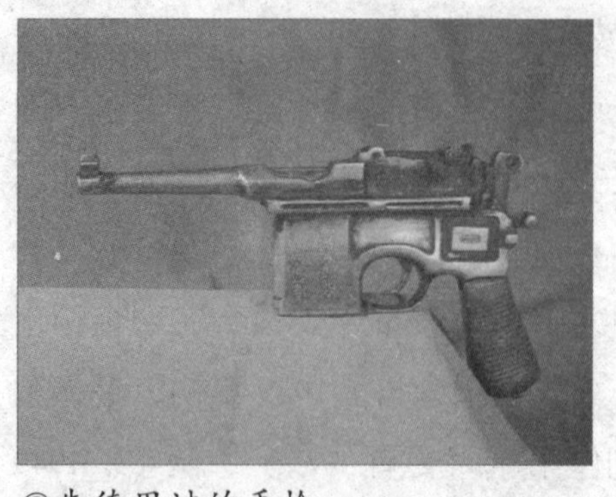
◎朱德用过的手枪

忙寻找自己的武器。这时，埋伏在屋外的起义军战士一拥而上，不费一枪一弹就把他们抓了起来。

起义胜利后，朱德被任命为第9军副军长。在这之后，朱德率领南昌起义部队余部艰苦转战，在井冈山和毛泽东率领的秋收起义部队会师，从此开辟了工农武装割据的新局面。为纪念南昌起义，朱德在这支手枪枪柄上刻上了“南昌暴动纪念”、“朱德自用”两行小字，并一直带在身边，直至新中国成立。

井冈山革命纪念地

纪念地简介

井冈山是中国革命的摇篮，以毛泽东为代表的中国共产党人在这里创建了第一个农村革命根据地，开辟了一条以农村包围城市、武装夺取政权的中国式革命道路。

井冈山位于江西、湖南两省边境，罗霄山脉中段，山势雄伟险峻，易守难攻。井冈山革命纪念地分布在以茨坪为中心的7200平方公里的土地上，大、小革命遗址群落共有13处，分别处于江西的宁冈、永新、遂川、莲花4个县，和湖南的炎陵、茶陵2个县。1997年，井冈山革命纪念地被中宣部公布为第一批全国爱国主义教育示范基地。

井冈山革命根据地包含两个军事根据地，它们分别是井冈山军事根据地和九陇山军事根据地。其中，以茨坪为中心的军事根据地是当

◎井冈山革命博物馆

年党、政、军高级指挥机关的所在地，红军的医院、被服厂、军械处、教导队、留守处、造币厂等重要部门也都设在这里。

为了纪念中国共产党创建的第一个农村革命根据地，新中国成立后，井冈山革命博物馆也在茨坪镇修建起来。目前，博物馆有陈列室7个，馆藏文物5800多件，文献照片5000多件，还恢复保存了井冈山时期革命遗址30余处。

博物馆用大量珍贵的革命文物及模型、绘画、照片以及现代技术手段，形象地反映了以毛泽东为代表的中国共产党人把马克思主义与中国革命的具体实践相结合，创立农村革命根据地，走武装夺取政权道路的伟大历程。

革命的摇篮

1927年10月，毛泽东率领秋收起义部队来到井冈山腹心的茨坪，以茨坪、大小五井、茅坪为中心向井冈山周围的永新、宁冈、遂川、茶陵、酃县、桂东等县开展游击活动，发动群众打击土豪劣绅和地方反动势力，恢复和建立边界各县地方党组织，开展土地革命，建立工农政权。中国第一块红色根据地——井冈山革命根据地就此创建起来。

1928年4月下旬，朱德、陈毅率领南昌起义保存下来的队伍和湘南农民起义军共8000人，来到井冈山，在宁冈砻市与毛泽东领导的部队会师。这极大地发展和壮大了井冈山革命根据地的武装力量。

5月4日，中国工农革命军第4军成立。朱德任军长，毛泽东任党代表，陈毅任政治部主任，王尔琢任参谋长。同年6月，在“敌进我退，敌驻我扰，敌疲我打，敌退我追”的军事原则指导下，红4军取得了龙源口大捷，根据地扩大到宁冈、永新、莲花各县，成立了湘赣边界工农兵政府。

12月，彭德怀、滕代远率红5军主力从湘鄂赣边转战到井冈山，与红4军会合。1929年1月，毛泽东、朱德率领红军主力向赣南、闽西进军，开辟新的农村革命根据地，留下的一部分红军继续坚持井冈山的斗争。

井冈山革命根据地的建立，开辟了一条以农村包围城市，最后夺取城市的革命道路，在中国革命史上具有极其重要的地位。

黄洋界保卫战

1928年8月中旬，毛泽东率领大部队离开宁冈，到湘南接应朱德一部。此时，留守在井冈山根据地的主力部队仅有不到1个营的兵力。国民党得知这个消息后，认为此时正是乘虚而入、一举破坏红军“军事老巢”的绝好机会。

8月底，湘赣敌军集结了7个团的兵力，向井冈山革命根据地蜂拥而来。得知这一情报后，时任工农革命军红4军11师32团团长的袁文才立即召集部下商量对策，并立即派人把这一情况通知了毛泽东。根据毛泽东的指示，袁文才将主战场放在了素有“天险”之称的黄洋界。

袁文才还提出，发动井冈山根据地周边15个乡的群众及赤卫队，一同加入保卫革命根据地的战役中来。山区的群众十分配合，纷纷赶来与红军共备战事。部队连夜在黄洋界修筑了五道防御工事。一切准备妥当后，井冈山上的红军和群众静静地等待着一场即将上演在山林中的好戏。

8 月 30 日上午，率先到达井冈山的 4 个团的湘敌开始向山上进攻。红军凭借着黄洋界的有利地形，打得敌军乱作一团。正面对抗行不通，敌军改向小道上山。那 5 道防御工事正好派上用场。

不一会儿，就听见小道上敌人的苦苦哀号，看到钉子阵起作用了。这时，隐藏在山上的红军和赤卫队，开始攻击敌军。本来就有脚伤的敌军，无力抵抗，第一轮攻击瞬时败下阵来。

稍作休整的敌军被第二道防御工事牵引着，在山里绕来绕去，一个个开始气喘吁吁。一不小心，脚下的藤条被绊断了。说时迟那时快，山上滚下许多大石块，砸得敌军头破血流。第二轮攻击再次以失败告终。

吸取前两次教训的敌军，再次上山时小心了不少。他们走到一条深深的沟壕边，正在考虑如何越过时，对面掩体中的枪声已经响起了。敌人还没弄清怎么回事时，已经损失了一半兵力，最后只好仓皇逃走。敌人的第三次攻击依旧溃不成军。

埋伏在山上的红军、赤卫队和群众，看到这样的景象不禁兴奋起来。大家一边补充体力，一边抓紧时间修筑防御工事，严防敌人的再次攻击。

第二日凌晨，敌军趁着雾气，开始悄悄向黄洋界进发。但红军依仗地形优势，居高临下，早已发现了敌人的行踪，等他们爬上半山腰，红军便开始了猛烈攻击。敌人累得气喘吁吁，仓促应战。不一会儿，敌人就在“钉子阵”和红军的猛烈火力攻击下，死伤一片。看着敌人狼狈的样子，山上的红军和群众不禁笑了起来。

战斗从上午一直打到下午三四点钟，敌人想方设法地接近哨口，但始终没有成功。

31团团长朱云卿来到阵前询问战况，1营营长陈毅安对他说："听说茨坪修理厂有一门迫击炮，就是不知道还能不能用?"

朱云卿高兴的说："那就先搬上来，说不定能派上用场。"他派了几个红军和赤卫队队员，以最快的速度将迫击炮运到了黄洋界哨口。大家将炮口对准敌军的驻扎地，然后找了两个曾经放过迫击炮的士兵来操作。

炮弹装上膛，一发炮，炮弹却打不响。接连两发都是哑炮。一查原因，原来是受潮了。眼看着就剩下一颗炮弹了，如果还是打不响，情况就糟了。在场所有人的心都提到嗓子眼。陈毅安努力克制住内心的焦急，安慰两个放炮的士兵，让他们不要慌，稳着点打。没想到，这一次居然打出去了！炮弹最后落到敌军的驻扎地附近，响声震耳欲聋。虽然没有完全摧毁敌人的营地，但足以吓得敌军魂飞魄散。山上的红军和群众欢呼雀跃，士气大增。

◎黄洋界迫击炮

天又渐渐黑了。红军开始轮流休息，轮流防护，准备第二天的战斗。一夜竟然安然无事。第二天一大早，山下没有任何动静，也不见敌人的踪迹。大家都感到十分纳闷。这时，一个赤卫队队员跑来报信：敌人连夜逃跑了！原来，他们被这一声炮响给镇住了，以为毛泽东率领大部队赶回来支援了，吓得连夜就撤走了。

还在路上的毛泽东听到这个好消息，也十分激动，顿时诗兴大发，写下了著名的诗词《西江月·井冈山》：

山下旌旗在望，
山头鼓角相闻。

敌军围困万千重，
我自岿然不动。
早已森严壁垒，
更加众志成城。
黄洋界上炮声隆，
报道敌军宵遁。

瑞金中央革命根据地纪念馆

纪念馆简介

瑞金中央革命根据地纪念馆原名瑞金革命纪念馆，地处江西东南部，坐落于瑞金市区象湖镇。瑞金是举世闻名的红色故都，素有“共和国摇篮”之称。第二次国内革命战争时期，毛泽东、朱德、周恩来、刘少奇等老一辈无产阶级革命家创建了以瑞金为中心的中央革命根据地，建立了中华苏维埃共和国，并定都瑞金，故称为“红都”。

1953 年，为纪念土地革命战争时期中国共产党领导创建的中央革

◎瑞金革命纪念馆

命根据地和红军第一方面军及中华苏维埃共和国的历史，瑞金革命纪念馆开始筹建。1958 年，瑞金革命纪念馆正式开馆，1995 年，改为瑞金中央革命根据地纪念馆。1997 年，瑞金中央革命根据地纪念馆被中宣部公布为第一批全国爱国主义教育示范基地。

该馆占地面积 8084 平方米，建筑面积 1827 平方米，其中主体建筑为陈列展厅，占地 2124 平方米。

瑞金中央革命根据地纪念馆收藏文物 10265 件，其中一级藏品 45 件，二级藏品 90 件，史料 10220 份，图书、杂志 2000 多册。这些文物资料，反映了毛泽东、朱德、周恩来、刘少奇等在中央革命根据地从事革命活动的事迹，记载了中央革命根据地和红一方面军的斗争历史。

纪念馆中建有一座辅助陈列馆，面积约 1828 平方米，曾经举办过“中央革命根据地文物展览”，展品 800 多件，被列为文物的有 602 件。

定都瑞金

1930 年 10 月，国民党针对红军在赣南闽西地区建立的红色政权，调集军队展开大规模的“围剿”行动。此类“围剿”相继进行了三次，全部以红军的胜利而告终，敌人的三次“围剿”非但没有达到剿灭红军的目的，反而促成赣南、闽西红色政权连成一片。而中共中央也将建立中华苏维埃共和国的计划正式提上了日程。

既然要建国，就要先确定“首都”设在哪里。关于这个问题，苏区中央已经研究许久。第三次反“围剿”胜利后，红一方面军总部于 9 月 23 日发布了《开往福建工作筹款的命令》，将红军的集中点定在长汀，同时也有意愿在长汀召开“一苏大”，这也就意味着准备将红色首都定为长汀。不过，这一打算在毛泽东、朱德等人抵达瑞金叶坪后，发生了改变。

10 月 3 日，以毛泽东为代理书记的苏区中央局给上海党中央发去的一份长电的末尾有这样一段话：

> “红军目前急须休息，须训练，须补充，须筹款，须布置新战场，创造根据。又因 11 月 7 日开全苏大会，中央局不能远离，遂于红军主力分布于石城、长汀、于都、会昌四县工作，总部及中央局在瑞金中居中指挥。”

这段话所表达出的意思是，考虑将瑞金作为“一苏大”召开的地点，也就是定都瑞金。这不只是毛泽东一个人的想法，中央代表团及朱德、项英也都将目光放在了瑞金。

从“长汀”改为“瑞金”的这个目标变化是有原因的。瑞金位于江西省东南端，远离中心城市，又地处赣、闽、粤三省接壤要地，东出八十华里便至福建长汀，往南西可由于都通往赣州，当地物产也极为丰富，粮食作物自给自足。除了地理等外在优势外，瑞金当地的革命基础也很深厚。早在 1927 年 8 月，南昌起义部队曾经过此地，在当地建立了中共瑞金支部。该支部这几年来不断发展壮大，建立了地方红军第 24 纵队。1931 年，更是实现了全县赤化。后因邓小平担任了瑞金县委书记一职，瑞金的土地分配、农业生产、地方武装等各项工作均取得了显著成绩，全县政局稳定，形势喜人。以此来看，瑞金是中华苏维埃共和国首都的最佳选择。

经过中央的商讨、研究，最终决定定都瑞金，并将瑞金更名为“瑞京”。

“开国大典”于 1931 年 11 月 7 月晚上 6 时半举行。之所以选在夜晚进行，是为了防止国民党的空军轰炸。虽然大典举行得隐蔽，却因群众的积极参与布置，也别有一番特色。

叶坪广场上灯火通明，毛泽东、朱德、项英、任弼时等大会主席团成员登上阅兵式检阅台坐定后，由大会执行主席朱德站到台前高声宣布：“第一次全国苏维埃代表大会现在开始。我宣布：中华苏维埃

◎第一次全国苏维埃代表大会会址

共和国临时中央政府，今天正式成立了！”

话音一落，广场上的锣鼓声、鞭炮声、欢呼声骤起，声音直冲云霄。在这一片喜庆的气氛中，毛泽东代表临时中央政府指挥升旗。5 面代表着中华苏维埃共和国的红旗，在人们的注视下，冉冉升起，迎风飘扬。

永久的纪念

在瑞金沙洲坝村子的附近，有一口井，被当地人称为“红井”，它记录着一段中国共产党和苏维埃政府密切联系群众的历史故事。

沙洲坝是个干旱缺水的村庄，当时这个地方有“挖井会破坏当地的风水”的迷信说法，因此没有哪家村民敢擅自开挖，群众平时要到几公里外的小河里挑水饮用，农忙季节只能挑村前的脏塘水。村外的人都说：“沙洲坝、沙洲坝，三天不下雨，无水洗手帕，旱死老鼠渴死蛙，有女莫嫁沙洲坝。”

1933 年 4 月，中华苏维埃共和国临时中央政府从叶坪搬到了沙洲坝。毛泽东总是看到村里人挑着浑浊的河水往家里去，就派谢觉哉去了解情况。原来，当地人想过挖井，改善水质，但听风水先生说如果挖了井，十里八乡都要遭殃。而且因为穷，也没有挖井的财力和物力。毛泽东听完说：“过去办不到的事，我们今天要办到，而且要办好。”

毛泽东召集了全村的人开了一次解决饮水困难的村民大会。大会上许多群众说："这个地方不能挖井，挖井会受到报应，就是挖也不一定能挖出水来，这个地方是旱龙。"毛泽东听了，笑着对大家说："迷信不可信，这井我来挖。"

9 月的一天，毛泽东带领几个红军战士在村前几十米的地方进行了水源的勘探，并破土动工，群众见毛泽东亲自在开挖井水，也纷纷带着工具一起动手。在挖到 5 米深的地方，一股泉水喷涌而起。毛泽东还让人从干涸的河床上挑来了鹅卵石，用三合土垒砌了井壁，并且在井底铺设了过滤泉水的石砾和木炭，井水常年不干，清凉甘甜。从此，沙洲坝群众结束了饮用塘水的历史。此后，其他沙洲坝的村民也纷纷开挖井，村民们的吃水问题终于解决了。

"红井"如同红军一样，也历经了许多坎坷。1934 年 10 月红军长征离开瑞金后，国民党反动派卷土重来。为了消除红军和毛泽东对苏区人民的影响，国民党反动派多次填掉这口井，当地群众就同敌人展开斗争。敌人白天填井，群众夜晚又把井挖开。就这样填了又挖，挖了又填，反复好几次，沙洲坝人民终于取得了胜利。

饮水思源的沙洲坝人民将毛泽东带领军民开挖的这口水井进行了全

◎红井

面整修，并把这口井取名为“红井”，同时在井旁立了一块木牌，刻上“吃水不忘挖井人，时刻想念毛主席”14个赤金大字，以后又将木牌改为石碑。1961年3月4日，该井被国务院列为全国重点文物保护单位。

秋收起义纪念地

纪念地简介

萍乡是秋收起义策源地。1927年初，毛泽东在安源主持召开秋收起义军事会议，并于9月9日亲自发动和领导了震撼全国的秋收起义，第一次高举起工农革命军的旗帜。2001年，秋收起义纪念地被中宣部公布为第二批全国爱国主义教育示范基地。

秋收起义纪念碑如今矗立在秋收起义广场的正中央，广场位于萍乡城北新区，紧临城市主干道，占地300多亩。秋收起义纪念碑碑高30.9米，占地面积151平方米。

◎秋收起义纪念碑

纪念碑由“9”字、浮雕、题词、长城、安源路矿工人俱乐部徽标、碑柱、火炬、五角星、碑文、红旗、山川、稻穗等图案组成。长城堡连碑柱27米，基座27级台阶、高3.9米，碑柱顶部正面与背面造型为两个“9”字，连缀起来表明秋收起义的时间为1927年9月9

◎秋收起义铜鼓纪念馆

日。长城墙上的火炬和基座侧边的火焰，表示秋收起义之火燃遍长城内外、大江南北，与刻在基座两侧的毛泽东名言：“星星之火，可以燎原”相吻合。

纪念碑基座正面为碑文，其他三面按顺时钟方向镶嵌三幅用花岗岩精心镂刻的浮雕，依次为《张家湾的红灯》、《霹雳一声暴动》和《转战上井冈》，展示了秋收起义波澜壮阔的历史画面。碑柱正面和背面分别镌刻江泽民题写的碑名：“秋收起义纪念碑”和毛泽东《西江月·秋收起义》全词。碑身有线刻的猎猎战旗和崇山峻岭，表示秋收起义是中国共产党领导和工农兵联合的武装斗争。

秋收起义铜鼓纪念馆 位于江西省铜鼓县城西门肖家祠之旁。1977 年 8 月 16 日，纪念馆正式陈列开放，全馆陈列文物 127 件，照片 114 张，图表 39 张。

秋收起义铜鼓纪念馆建筑面积 3300 多平方米，高 18.6 米，分前后 3 栋，为钢筋水泥砖木混合结构。纪念馆前后门过道各有两根大理石，外墙各有一条 5 米多宽的大理石贴墙。房内有宽阔明亮的序厅、展厅，接待室、会议室。

全馆共分五个部分。第一部分：“军旗猎猎”，主要介绍铜鼓成为湘赣边秋收起义策源地之一的历史背景；第二部分：“沙洲阅兵”，主要介绍毛泽东同志亲自领导 3 团和铜鼓人民举行秋收起义的光辉历程；

第三部分："排埠思索"，主要介绍起义受挫后毛泽东同志率3团回师铜鼓排埠，在这里思索部队前进的方向；第四部分："引兵井冈"，主要介绍工农革命军第1、2、3团在浏阳文家市胜利会师，毛泽东同志率领部队到达井冈山，创建了一块农村革命根据地，指明了中国革命的航程；第五部分："星火燎原"，主要介绍了这支由毛泽东同志从秋收起义中带出来的经三湾改编后的革命军队，参加了中国革命武装斗争的全过程，为中国人民的解放和社会主义建设立下的不朽功勋。

秋收起义修水纪念馆 坐落于江西省修水县城凤凰山路136号，占地面积3000平方米，始建于1977年。馆标由当年秋收起义的师部参谋、工农革命军军旗设计者之一、原全国政协副主席何长工设计并题写。

进入秋收起义修水纪念馆一楼序厅，迎面是一座高达3.07米的大理石基座组合雕塑。两侧的墙面上雕刻着毛泽东的两篇诗词，西墙为《菩萨蛮·黄鹤楼》，东墙为《西江月·秋收暴动》。

二楼包含三个展厅，展览分为八个部分，包括：一、轰轰烈烈的大革命遭到惨痛失败；二、以武装的革命反对武装的反革命；三、灰色旗号下的红色武装；四、毛泽东主张在秋收起义中要鲜明打出共产党的旗帜；五、光耀人寰的工农革命军军旗；六、永远铭刻在中国革命史上的光辉日子；七、果断的转兵——会师文家市；八、伟大的进军——开创中国第一个农村革命根据地。

纪念馆采用了大量珍贵的历史资料，以时空为序，以基本事实为依据，系统地展现了有关历史人物、革命旧址及战斗遗址。馆内共摆置了68只玻璃展柜，展出275幅图片，展示106件馆藏文物及有关物品。

秋收起义

在南昌起义前，秋收起义已在酝酿之中，但直到1927年8月3日，中共中央才正式决定在工农运动基础较好的湖南、湖北、广东、江西四省发动秋收起义，开展土地革命。

8 月 18 日，毛泽东以中央特派员的身份来到长沙召开会议。他在会上指出：秋收起义的发展是要夺取政权，解决农民土地问题。经过一番讨论，代表们决定先夺取国民党反动派防守最为薄弱的长沙，再组织领导湖南全省的秋收起义。

然而，秋收暴动的计划实行起来却并不顺利。8 月下旬时，长沙的白色恐怖日趋严重。城内四处都是国民党反动派团防局的人，见到陌生人就上前盘问。这些人多是招募来的地痞流氓，经常乱抓人敲诈钱财。在这种情况下，很难组织起起义军队。天无绝人之路，中国共产党所掌握的国民革命军第二方面军总指挥部警卫团和平浏工农义勇队因未赶上参加南昌起义退至赣西西北修水、铜鼓地区，安源已经组织了部分工农武装。据此，湖南省委决定集中力量，首先在以长沙为中心，包括湘潭、宁乡、醴陵、岳阳、浏阳、平江和江西安源在内的七个县镇发动起义；成立中共湖南省委前敌委员会和行动委员会，毛泽东任前委书记，易礼容任行委书记，以中国共产党的名义领导起义。

9 月初，毛泽东先后赶往安源和铜鼓召开秋收起义军事准备会议。会上，毛泽东向两地的县委和武装部队传达八七会议精神和中央对湖南秋收起义的指示及省委的起义计划，并决定将湘赣边界武装力量统一变成工农革命军第一师，正式组成以各路负责人为委员、毛泽东任书记的中共湖南省委前敌委员会，统一领导起义行动。之后，前委又任命原警卫团团长卢德铭为工农革命军总指挥。

9 月 8 日，中共湖南省委发布了《关于夺取长沙的命令》，要求“各地赶紧动员，限于阳历 9 月 16 日会师长沙，夺取省城，建立中国革命委员会湖南分会”。

第二日，长沙市郊部分农军和铁路工人为了响应湖南省委的命令，破坏了长沙至岳阳、长沙至株洲两段铁路，切断了国民党军的交通运输。就这样，一场以武装斗争为主要形式，以工农革命军为主要力量，由中国共产党独立领导的、有广大人民群众参加的大规模军事行动，在湘赣边界拉开了序幕。

9 月 11 日，湘赣边界秋收起义按计划爆发。但工农革命军各团在向长沙推进时情况百出，进军形势非常糟糕。各个团的军官干部下达命令不及时，甚至有许多去向不明，致使事先定好的起义计划无法有效实行。毛泽东见此情形，当机立断，命令各部立即撤出战斗，转到浏阳文家市集中。9 月 19 日，各路起义部队到达湖南省浏阳县文家市。当晚，前敌委员会召开了会议，根据实际情况改变了攻打长沙的计划，决定保存实力，前往敌人统治力量薄弱的农村坚持武装斗争，发展革命力量。

工农革命军第二日就起程南下。9 月 25 日，在江西萍乡芦溪遭到国民党军袭击，部队受到严重打击，总指挥卢德铭牺牲。当工农革命军于 29 日到达永新三湾村的时候，全军已经不足千人。

秋收起义的失败给工农革命军造成了极大的打击，军中人心涣散，部队内官多兵少，管理混乱，各种新旧问题通通暴露出来。毛泽东将这一切看在了眼里，立即决定在三湾主持召开前敌委员会会议，对部队进行整顿和改编，这就是著名的三湾改编。

永新三湾改编旧址

旧址简介

永新三湾改编旧址位于江西省永新县西部的三湾村。2001 年，永新三湾改编旧址被中宣部公布为第二批全国爱国主义教育示范基地。

三湾是个人烟稀少的偏僻小山村，但它在中国共产党和人民军队的历史上，却都留下了光辉的一页。

旧址包括枫树坪旧址、工农革命军第 1 军第 1 师第 1 团士兵委员

会旧址、毛泽东旧居、工农革命军第1军第1师第1团团部旧址等。

枫树坪是三湾村村口前并肩耸立的4棵红枫古樟树，樟树至今仍枝繁叶茂，一尊毛泽东半身像伫立在树下。士兵委员会旧址是一栋土墙瓦房。而毛泽东旧居则是1967年复建的，1927年9月29日，毛泽东正是在这里召开了决定三湾改编的前敌委员会会议。

◎工农革命军士兵委员会旧址

为了纪念三湾改编这个重大的历史事件，永新县还在枫树坪东侧建造了三湾改编纪念馆。纪念馆建筑面积2377平方米。一楼包括三湾改编史迹陈列、影视厅、休息室，二楼包括贺子珍和永新籍将军展两个附属陈列、文物库房、办公室等。

◎毛泽东同志旧居

三湾改编

1927年9月29日，毛泽东率领湘赣边界秋收起义部队来到三湾村，进行了具有伟大历史意义的“三湾改编”。这是中国工农红军政治工作的开端，确立了党对军队的绝对领导，为从组织上，政治上和思想上建设一支全新型的人民军队奠定了牢固的基础。

三湾处在湘赣边区的九陇山区，是茶陵、莲花、永新、宁冈四县交界的地方，由陈家、钟家、上李家、下李家和三湾街组成，有 50 多户人家，在山区是较大的村庄。

秋收起义后，毛泽东做出了向井冈山进军的决策。经过长途跋涉，艰苦转战，部队于 1927 年 9 月 29 日到达永新境内的三湾村。

由于连续作战和疲劳、饥饿、疾病的袭扰，起义部队到达三湾时已不足千人。队伍中出现了官多兵少，枪多人少的情况，十分不利于作战。在部队成员中，多数是经过战斗锻炼和考验的党、团员和工农运动的骨干。但也有少数未经改造的旧知识分子和旧军官出身的人，在战斗失利、环境艰苦面前悲观动摇。很显然，不改变部队这种状况，不加强党对军队的领导，不仅难以适应艰苦的环境，而且无法完成艰巨的革命任务。

为了解决这个问题，毛泽东在到达三湾的当天晚上就召开了前敌委会议，并最终决定对部队进行整编。

9 月 30 日清晨，一声嘹亮的军号声打破了这个小山村的宁静。枫树坪的广场上，熙熙攘攘地站满了秋收起义的工农革命军战士。

毛泽东站在枫树下的一块大石头上，穿戴整齐，满面笑容，显得精神十足。他清了清嗓子，示意大家安静下来，然后用浑厚的湖南口音说：同志们，自从秋收起义遭受挫折后，我们一路奔波，伤亡十分惨重。为了保存革命的实力，也为了未来革命能有好的发展，前委决定，对剩余部队进行整编。军队改编时，大家自愿决定去留。离开的，我们发放路费，并希望大家将来继续参加革命，我们随时欢迎；留下的，我们要改变过去随便打骂士兵的坏习惯，军队内部实行民主制，官兵平等，言论自由。最重要的是，我们要将不足一千人的部队，缩编为一个团。以后，支部建立在连上，由党统一指挥，共同进退。

接着，毛泽东又宣布了三项决定：第一，整编部队，把原来的工农革命军第 1 军第 1 师缩编为一个团，下辖两个营十个连，称工农革命军第 1 军第 1 师第 1 团。第二，党组织建立在连上，设立党代表制

◎三湾枫树坪

度，排有党小组，班有党员；营、团以上有党委，从而确立了“党指挥枪”的原则。第三，连队建立士兵委员会的民主制度，实行官兵平等，经济公平，破除旧军雇佣关系；并初步酝酿出“三大纪律、六项注意”。随即，部队开始整编。

三湾改编，最成功之处就在于“将支部建在连上”，即在连以上设立党代表，负责连以上的政治思想工作。从这一点来说，保证了党对军队的绝对领导，是中国共产党建设新型人民军队的一次伟大尝试和成功探索。

兴国革命历史纪念地

纪念地简介

江西兴国是现代中国历史上有名的“将军县”。在土地革命时期，总人口 23 万人的兴国县，有 8 万多人参加了红军。许许多多从兴国走出来的革命儿女，经过艰苦卓绝的战争磨炼，最终成长为新中国的优

◎兴国革命纪念馆

秀将领。

1955 年，在新中国的授衔典礼上，54 名从兴国走出来的革命儿女被授予将军军衔，将军数量之多，位居江西之首，全国第二。

兴国革命历史纪念地包括兴国革命纪念馆和兴国革命烈士陵园。2001 年，兴国革命历史纪念地被中宣部公布为第二批全国爱国主义教育示范基地。

兴国革命纪念馆位于江西省兴国县五福广场旁，内有纪念亭、英名碑、悼念广场、陈列馆、水莲池等建筑群。陈列馆始建于 1950 年，1968 年正式对外开放，占地 1442.2 平方米，拥有文物资料 6000 余件。纪念馆下辖苏区兴国革命斗争史陈列馆、毛泽东长冈乡调查纪念馆、中国人民解放军兴国籍将军纪念馆等。

纪念馆中主要陈列了毛泽东、朱德、陈毅等老一辈革命家在兴国的革命活动和苏区兴国人民为革命贡献的模范工作的历史资料，重点陈列 130 余名在全国有重要影响的著名革命烈士史迹与珍贵文物，并建有著名的马前托孤、宁死不屈、洗衣队员、江善忠跳崖、过雪山等雕塑。

兴国革命烈士陵园始建于1950年，由纪念馆、英名碑、纪念亭、英烈雕像和纪念广场组成。其中，革命烈士纪念馆1957年始建于鸡心岭，1977年迁建于瑶冈脑宝长山烈士陵园内。

◎兴国革命烈士陵园

纪念馆为砖木结构，由门厅、灵堂和展室组成，占地面积1401平方米。陈列室分五个部分，分别展出了历次革命战争、抗美援朝、对越自卫反击战以及在社会主义革命和建设中牺牲的兴国籍烈士照片、塑像、遗物和事迹。

◎兴国革命烈士纪念馆

在纪念馆正对面约50米处，屹立着革命烈士纪念塔，塔身为砖木结构，三级四面、高18米，四周均有浮雕和碑文，塔顶有高2米的立体红角星。英名碑由100余米长的石碑环形走廊构成，正面镌刻着全县2.3万余烈士的英名。

“娃娃司令”肖华将军

说到从兴国走出来的共和国将军，人们首先想到的一定是“娃娃司令”肖华。1916年，肖华出生于江西省兴国县一户贫苦的农民家庭。他自幼聪颖好学，被当地人誉为“神童”。

1927年春天，还在高等小学堂读书的肖华加入了中国共产党的外围青年组织“赣南青年干社”，开始进行革命活动。

1928年冬天，肖华加入共产主义青年团，参加了兴国暴动。他把红军便衣队引进城，带着几个伙伴用木炭在全城反动分子家的门上画了标记，暴动队伍按记号把反动分子一网打尽。

1929年2月，年仅13岁的肖华进入兴国土地革命干部训练班学习。不久，兴国建立了共青团县委，肖华被推选为兴国共青团县委书记。

1930年3月，毛泽东来到兴国，肖华向他汇报了青年团的工作。毛泽东发现这个孩子思路清晰而且组织能力很强，便把他调到红4军军部工作。毛泽东把肖华交给红4军政委罗荣桓的时候说："这娃娃日后会有大出息。"

肖华在红4军军部工作仅一个多月，就利用战斗间隙，把全军青年组织建立起来。以后他又担任了连、营、团政委。1933年夏，他在全军青年工作会议上，提出创建"少共国际师"的建议。不久，在中共苏区的扩红热潮中，组建了一支由共青团组成的"少共国际师"，不满18岁的肖华担任了这支年轻的部队的政委，他率部投入反"围剿"战斗和北上抗日。

长征刚开始时，肖华率领"少共国际师"屡次打退敌人的进攻，完成了掩护军委的任务。1935年1月，肖华调任红1军团政治部组织部部长。在"四渡赤水"战役中，他随红2师4团等部队参加战斗，之后又率领工作团协助刘伯承同彝民首领小叶丹歃血结盟，使红军顺利通过大凉山。在十七勇士抢渡大渡河时，肖华在河岸边亲自吹起冲锋号鼓舞勇士们胜利地渡过天险。在飞夺泸定桥的战斗中，他随右纵队沿大渡河东岸向北疾进，并带领突击连，一举攻下铁丝沟险关，有力地配合了左纵队胜利抢桥。

抗日战争爆发后，肖华任八路军第115师政治部副主任，参加了名震中外的平型关战斗。1938年8月，肖华任八路军东进抗日推进纵队司令员兼政委，率部挺进冀鲁边。此后，他一面调整领导力量，扩大边区武装部队，广泛开展游击战争，迅速打开局面，一面对反共顽固派开展统一战线工作，瓦解“冀鲁联防”，打击反动民团，使冀鲁边抗日根据地得到迅速巩固和发展。

抗日战争胜利后的第二个月，肖华率 4 个师经海路抢占辽东半岛，任辽东军区司令员兼政委。1946 年四五月，国民党东北保安司令长官杜聿明指挥 5 个师，向驻守本溪的肖华部队进攻。肖华放弃本溪，收拢兵力，在鞍山反戈一击，歼敌 184 师主力，迫使其师长潘朔手下 2700 余人起义。毛泽东致电称赞道：“鞍山战斗打得好！”同年 10 月，杜聿明集中 8 个师，再次同肖华较量，肖华选择杜聿明起家的老本，号称“千里驹”的整编 25 师开刀，主动放弃安东城，诱敌孤军冒进，设伏新开岭，将敌 25 师一举全歼，俘虏敌师长以下 8500 余人，首创东北民主联军一次歼敌一个整编师的先例。

新中国成立后，肖华被授予上将军衔。他从兴国的“赤崽”成长为少共国际师政委；从冀鲁边区的“娃娃司令”锤炼成共和国最年轻的开国上将。1965 年，当肖华谱写出《长征组歌》的时候，人们又见到了他作为诗人的一面。

1985 年 8 月 12 日，肖华病逝于北京，享年 69 岁。

上饶集中营革命烈士陵园

烈士陵园简介

上饶集中营烈士陵园位于江西省上饶市南郊茅家岭，总面积为 2 平方公里。上饶集中营烈士陵园包括 5 个参观区，分别为革命烈士陵园、茅家岭监狱旧址、周田监狱旧址、李村监狱旧址和七峰岩监狱旧址。2001 年，上饶集中营烈士陵园被列为第二批全国爱国主义教育示范基地。

◎上饶集中营革命烈士纪念碑

进入陵园大门，正中央是革命烈士纪念碑，它位于茅家岭雷公山腰，1956年建成，碑高28.5米，呈正方形，其中碑座高7米，长宽各20米，正面刻有周恩来题写的“革命烈士们永垂不朽”九个鎏金大字，碑身后方刻有刘少奇、朱德题词，南北两侧分别刻有中共江西省委、江西省人民委员会题文，碑底座刻有烈士纪念碑碑文，整座碑为花岗石砌成，给人庄严壮观之感。

向纪念碑正北方前行，首先看到的是十五烈士被秘密杀害处，之后绕着纪念碑顺时针参观，将依次看到烈士公墓、子芳亭、施奇烈士塑像，最后是集中营茅家岭监狱旧址及摆着各种刑具的审讯室。

茅家岭监狱旧址位于茅家岭乡周村境内，这里原是一座“葛仙”庙，1939年夏改为三战区特务机关政治部专员室关押政治犯的秘密监狱，人称“狱中之狱”。闻名全国的茅家岭暴动就发生在这里。

周田监狱旧址同样位于周村，监狱设立于1941年3月，国民党在此地囚禁了皖南事变中被俘的新四军排以上干部和从东南各省地方上搜捕来的共产党员、爱国进步人士，共700余人。

李村监狱旧址位于上饶县皂头镇李村，原为三战区长官部副县官处招待所，后为囚禁“皖南事变”中下山谈判被扣的新四军军长叶挺的地方。

七峰岩监狱旧址位于上饶县黄市乡七峰村境内，是由七座山峰和一个岩洞组成，当年国民党特务人员，将原庙宇厢房及山洞用木栅隔成数小间成为囚室，新四军第三纵队司令员张正坤，教育总队副总队

◎茅家岭监狱旧址

长兼教育长冯达飞、第三纵队五团团长徐锦树等多人被囚于此。

相关史实

闻名于世的上饶集中营，是国民党 1941 年 1 月发动皖南事变之后，同年 3 月在江西上饶周田、茅家岭、李村、七峰岩等地设立的一座规模庞大的人间地狱。

1941 年 3 月，国民党反动派将皖南事变突围未成的新四军干部 600 余人，以及在东南五省抓捕的共产党员、抗日青年和爱国人士 80 余人因禁在茅家岭的七峰岩、周田、李村等处，建立了规模庞大的上饶集中营。新四军军长叶挺关在七峰岩的禁闭室。

集中营由两部分组成，一是所谓第三战区长官司令部训练总队军官大队，下分五个中队，共 600 多人，都是新四军排以上干部。另一部分是所谓第三战区长官司令部特别训练班，下设一个“学员”中队，共 100 余人，多是从地方抓来的革命人士，也有少数新四军被捕干部。

当时监狱四周构筑了围墙、设起了铁丝网，岗哨林立、警戒森严，并在周围 30 里以内设置了内层警戒圈。除了由军统特务负责管理监狱以外，国民党还从第三战区特务团调遣了一个加强排担任看守，监狱门外有荷枪实弹的卫兵日夜站岗。

◎上饶集中营革命烈士纪念馆

从1941年3月至1942年6月，在一年又四个月的时间里，便有近200名新四军干部和爱国人士英勇牺牲在敌人的屠刀下，占了集中营成立时700余名“囚徒”的三分之一。

但是，被关押的革命志士依然誓死不屈，在狱中秘密党组织的领导下，他们先后举行过三次绝食斗争，要求回到新四军大部队中继续抗日。

1942年5月25日，被关押的爱国志士举行了茅家岭暴动。6月，当日军侵占上饶时，集中营迁往福建，17日，在途经福建崇安赤石镇时，中共秘密支部又领导百余名新四军干部和其他爱国人士举行暴动，结果有40余人冲出敌人包围，与武夷山区游击队会合，史称赤石暴动。

赤石暴动

在上饶集中营这座黑狱中，国民党宪兵、特务软硬兼施，对被俘新四军官兵进行了极其野蛮残酷的精神和肉体的迫害、摧残。被囚的共产党员、新四军官兵和其他抗日爱国进步人士同国民党宪兵、特务进行了艰苦卓绝、英勇悲壮的斗争。

1941 年 9 月前，敌人对被俘人员主要采取“怀柔政策”，他们诋毁共产党，诱使被俘人员变节叛变，但被囚禁的共产党人和爱国志士毫不动摇。“怀柔政策”失败后，国民党便指示反动军警对被俘人员进行严刑拷打，妄图迫使革命志士屈膝就范，但狱中的同志在对敌斗争中表现得坚定和顽强。他们还秘密成立了党支部，坚持在狱中进行对敌斗争。

1942 年 5 月，浙赣铁路沿线相继被日军侵占，上饶岌岌可危。此时，国民党第三战区的军政机关一片混乱。上饶集中营的党支部立即决定，趁机举行大规模越狱暴动，暴动的时机就选在集中营撤往闽北的时候。

5 月 25 日下午，上饶集中营茅家岭监狱秘密党组织的暴动委员会，发现当天部分看守卫兵外出，当机立断，举行暴动。他们夺取了卫兵的武器后，呼喊着冲出囚室，砸开平时封死的西侧门，除两位同志负伤被敌杀害外，24 位同志冲出了虎口。

1942 年 6 月 15 日，集中营里的其余同志被押往闽北。17 日下午，集中营 6 个中队到达赤石镇崇溪河，休息一阵后开始渡河。第一、二、三、五中队渡河后，很快便继续上路。

此时天色已晚，第六中队刚刚渡河，而押送他们的宪兵还未到岸，正是逃跑的最佳时机！

不远处正是山高林密的武夷山，是红军的老根据地，只要冲进山里，便可以寻求群众的帮助。此时不跑，更待何时？第六中队的秘密党支部果断决定进行暴动，暴动指挥员王羲亭从队伍中站起来，他先是哼了一段《义勇军进行曲》的旋律，提醒大家做好暴动准备，接着大喊一声：“同志们，冲啊！”

一声令下，近百名同志一跃而起，奔向武夷山。此次暴动，除 11 人牺牲和部分失散外，大多突出重围，陆续找到了地方党组织，投入了新的战斗。

方志敏纪念馆

纪念馆简介

方志敏纪念馆位于江西省弋阳县城北面峨眉嘴山顶，占地面积1.1万平方米，建筑面积1300平方米，馆内陈设布局合理，内容丰富，介绍了方志敏参加江西地方党团组织创建、领导江西农民运动闹革命、创建闽浙赣根据地和红十军团、狱中斗争的事迹。2001年6月，方志敏纪念馆被中宣部命名为第二批全国爱国主义教育示范基地。

纪念馆院内立有高7米的方志敏全身雕像，基座刻有毛泽东亲笔题写的“方志敏烈士”五个大字。雕像座背面刻有叶剑英的亲笔题诗：“血战东南半壁红，忍将奇迹作奇功；文山去后南朝月，又照秦淮一叶枫。”

方志敏纪念馆内设有四个陈列室和一个展厅，正厅设有灵堂，灵堂正中为纪念碑，上面镌刻着毛泽东书写的“人民英雄永垂不朽”的字样，灵堂还存放着弋阳9288名的烈士英名录。

◎方志敏纪念馆前方志敏雕像

◎方志敏纪念馆内景

左右展览室建有反映红军战士、赤卫队员英勇善战、前仆后继的石膏塑像四座。第一陈列室介绍了青少年时代的方志敏作为江西地方党团组织的创建者、江西农民运动的卓越领导人，两条半枪闹革命的感人事迹。第二陈列室介绍了方志敏所创建的根据地和红十军团的建设及战斗经历。第三陈列室正中有一座高 3 米的“方志敏挥毫”石膏塑像，主要陈列介绍了方志敏在狱中的斗争和以顽强的毅力写下的《可爱的中国》、《清贫》等千古名篇，以及他的战友黄道、唐在刚、余汉朝、邹琦等著名英烈的生平事迹。第四陈列室介绍了新中国成立后病故的红军老干部邵式平、汪金祥、吴克华、谢锐等的生平事迹。

方志敏的最后岁月

1934 年 11 月 24 日，方志敏率领北上抗日先遣队开赴皖南。在长途跋涉之中，北上抗日先遣队在国民党军围追堵截下遭受重创。1935 年 1 月 29 日清晨，在赣东北怀玉山的冰天雪地里，由于叛徒的出卖，两个国民党兵发现了方志敏。两人立即把方志敏扣押了起来，并急不可耐地把他全身上下搜了个遍，以为可以捞到点油水。可是搜来搜去，他们得到的只是一支钢笔和一只怀表。

“这么大的官儿，居然身无分文？把钱拿出来，要不就炸死你！”

其中一个敌人拿起手榴弹，冲着方志敏吼叫着。方志敏冷笑道："我没有钱，要炸就炸吧，想发财，你们找错人了！"敌人还是不相信，又到方志敏藏身的地方搜寻，结果仍旧一无所获。

后来方志敏被关押在狱中时，把两个敌人纠缠他的那出闹剧，写成了一篇《清贫》，成为共产党人的传世之作。

方志敏入狱后，反动派为了劝降他可谓是绞尽脑汁。在生活上，他们特意给方志敏加餐，不限制他喝水，还给方志敏送零花钱。同时，国民党的大大小小头目纷纷出动，都来劝降方志敏。江西省党部的书记长，弋阳县的伪县长，甚至只教过方志敏几天书的"先生"都提着水果、点心来"探望"方志敏，结果方志敏义正词严地将他们一个个骂走。这些人来的时候满脸堆笑，走的时候垂头丧气，一脸无奈。

对于他们的劝降，方志敏的回答是这样的："投降？你们国民党是什么东西？一伙强盗！一伙卖国贼汉奸！一伙屠杀工农的刽子手！我是共产党员，与你们势不两立！我要消灭你们，岂能投降！你们法西斯只能砍下我们的头颅，却决不能动摇我们的信仰！我们的信仰是铁一般的坚硬！"

后来，敌人又想出新招，他们把方志敏放到了"优待室"，企图感化方志敏。但他们错了，方志敏早看穿了，他在《狱中纪实》中说："我们不能希望敌人良心发现，不能希望敌人的仁慈、怜悯和改良，我们是有自己的力量的，我们要用拼命战斗的精神，拿起枪炮去消灭卖国国民党的黑暗统治，以便连同消灭他的黑暗监狱！"

面对国民党当局，甚至是蒋介石的种种威逼利诱，方志敏表现出了崇高的革命气节。国民党的报纸无可奈何地向社会披露："方志敏丝毫不为所挫，一如平常。"1935 年 8 月 6 日，方志敏被国民党秘密杀害，年仅 36 岁。

方志敏在狱中短短 6 个月的时间里，巧妙地避开看守的巡视，写下了《可爱的中国》、《我从事革命斗争的略述》、《清贫》等十多篇的手稿，留下了一份份极其珍贵的革命遗产。

稿子虽然完成了，可如何送出去又成了问题。方志敏想到了鲁迅，同时他还想到了一向支持革命事业的宋庆龄，从事进步文化事业的李公朴等人。这些人士同情革命，完全可以信赖。可托谁把这些信件和文稿送出去呢？通过几个月的接触，方志敏认为看守所的文书高家骏比较可信。高家骏得知这件事以后，立即说自己有个女朋友，叫程全昭，在杭州教书，可以让她到上海去转送这些文稿。

1935 年暑假期间，程全昭收到高家骏要她火速前往南昌见面的信。程全昭到达南昌后，高家骏把一个纸包和三封信交给了她，并千叮咛万嘱咐，让程全昭一定将方志敏的秘密信件送到上海。第二天清晨，程全昭装扮成时髦小姐，拎着装有信件的小皮箱，登上开往上海的火车。

程全昭到上海找到宋庆龄家，说有一封重要的信，请马上转交宋庆龄。然后，她又到内山书店去找鲁迅，程全昭把用米汤写成的信和纸包，全部交给了一位穿长衫的中年男人，并告诉他让字迹显现出来的方法。之后，程全昭又找到李公朴，将方志敏的信交给了他。

方志敏的另一部分文稿是由他的狱友胡逸民送出来的。胡逸民早期曾追随过孙中山先生，后来曾担任江西省高等人民法院院长、中央

◎方志敏在狱中雕像

监狱长等要职，因“袒共嫌疑”被关押。

当时，胡逸民与方志敏同在“优待室”，他被方志敏的气节所感动，出狱后到上海找到了“爱国七君子”之一的章乃器家，把方志敏的信件交给了章乃器的妻子胡子婴。过了几天，法租界捕房把章乃器传去。胡子婴预感要出事，为了保住方志敏的手稿，她立即将手稿转交给了宋庆龄。

凝聚着方志敏一腔赤诚的部分书稿和信件被辗转送到了党中央。这些铿锵文字将同方志敏一样，永垂千古。

于都革命烈士纪念馆及中央红军长征第一渡纪念碑园

纪念馆及纪念碑园简介

于都县革命烈士纪念馆位于江西省于都县贡江镇长征大道中段，始建于 1987 年 7 月，1990 年 12 月正式对外展出。

纪念馆占地面积 1.3 万平方米，建筑面积 1400 平方米，馆中设有 1

◎于都县革命烈士纪念馆

◎中央红军长征第一渡纪念碑园

个序厅、1 个悼念厅和 6 个陈列室。馆中陈列以烈士牺牲先后为序，采用文字、图表、实物、油画、照片、塑像等多种方法，展示了红 20 军代军长肖大鹏、红军第 15 纵队参谋长朱学玖等 147 名于都籍烈士的事迹及遗物。

中央红军长征第一渡纪念碑园位于江西省于都县城东门外东门渡口。中革军委、红军总部、中央直属机关和毛泽东、朱德、周恩来、张闻天、博古就是从县城东门渡口渡过于都河开始长征的。

为了缅怀先辈伟业，于都县人民政府于 1996 年在此兴建了占地 2300 平方米的纪念碑园。主体建筑纪念碑高为 10.18 米，寓意中央机关、红军总部及毛泽东、朱德、周恩来等领导同志于 10 月 18 日傍晚在此渡河长征之意，碑身为双帆造型，寓意中央红军由此扬帆出征，底座宽大厚实，象征中央红军出征脚步坚实有力、一往无前。

碑座左边为陆定一手书《长征歌》第一首“十月里来秋风凉，中央红军远征忙，星夜渡过于都河，古陂新田打胜仗。”它是中央红军夜渡于都河长征出发的真实写照。右边为叶剑英 1962 年建军节为缅怀当年赣南省军区政治部主任刘伯坚写的诗“红军抗日事长征，夜渡于都溅溅鸣。梁上伯坚来击筑，荆卿豪气渐离情。”

2005年11月中央红军长征第一渡纪念碑园和于都革命烈士纪念馆同时被列为第三批全国爱国主义教育示范基地。

长征从这里开始

1934年10月，中央红军从于都集结出发，迈开了二万五千里长征的第一步。于都是第二次国内革命战争时期中央革命根据地的重要组成部分，它是中央红军长征集结地和出发地，是土地革命战略转移的起点，是南方三年游击战争的起源地。

1934年10月，第五次反“围剿”失利，中央红军被迫实施战略转移。根据中革军委命令，由中革军委、红军总部等机关组成的第1野战纵队和由中共中央、中央政府等机关组成的第2野战纵队，以及中央红军第1、3、5、8、9军团，于10月上、中旬分别从瑞金、兴国、宁都、石城等地陆续进抵于都地域集结休整，进行兵员、武器弹药、粮款的补充，准备战略转移。

10月17日傍晚至20日傍晚，中央第1、第2野战纵队和中央红军1、3、5、8、9军团共8.6万余人，先后从县城的东门、南门、西门，梓山镇的山峰坝，罗坳镇的孟口、鲤鱼、石尾，靖石乡的渔翁埠等渡口渡过于都河，开始二万五千里长征。

10月18日傍晚，毛泽东、周恩来、朱德、张闻天等中央领导同志，以及中共中央、中革军委、红军总部、中央政府机关，从县城东门渡口渡过于都河开始长征。

于都人民为中央红军长征做出了历史性贡献，从于都开始长征的8万多红军将士，每5人中就有1人是于都籍，于都还承担了长征初期大部分设备、物资的运输任务，妥善安置了1万多红军伤病员和红军家属，捐献的粮款物资占全苏区的一半以上。为革命而牺牲的于都烈士更是不计其数，其中经过国家认定并查实姓名的革命烈士就有16336人。

江西革命烈士纪念堂

纪念堂简介

江西革命烈士纪念堂位于江西省南昌市中心八一大道中段东侧，占地 1.7 万余平方米，陈展大楼建筑面积 5000 余平方米。2005 年，江西革命烈士纪念堂被中宣部公布为第三批全国爱国主义教育示范基地。

江西革命烈士纪念堂主要收藏研究革命烈士相关的资料、照片、遗物等，陈列、宣传革命烈士的英勇事迹。通过举办基本陈列和辅助陈列，对广大群众、特别是青少年进行革命传统教育和爱国主义教育。

2007 年重新装修后的革命烈士纪念堂，大量运用高科技声、光、电技术，场景再现了先烈的生活、战斗情况，堂内陈列着近 25 万名烈士的英勇事迹，是反映江西革命斗争史的重要窗口。

烈士纪念堂内设有前厅、序厅和 6 个展厅，展线约 700 米。整个陈列按照革命历史时期顺序，分为 6 个部分，10 个专题，收藏了 2412 名

◎江西革命烈士纪念堂

著名知名烈士档案资料，4100 余件照片资料，1400 多件革命文物，重点展示了方志敏、黄公略、毛泽覃、刘和珍、卢德铭等 1500 多名革命英烈的英雄事迹。

黄公略

黄公略，中国工农红军的将领，中国人民解放军军事家，黄埔军校第三期学员，曾参加领导平江起义。在中央革命根据地三次反“围剿”的战斗中，黄公略率领红 3 军与国民党军展开一次次激烈战斗，屡建奇功。

在红军第一次反“围剿”战斗中，黄公略带领红 3 军第 7、第 8、第 9 师隐蔽在龙冈、黄竹岭一代，伺机突袭敌人。12 月 30 日清晨，国民第 18 师中将师长张辉瓒率领第 50、53 旅及师部 8000 人从黄公略所设的埋伏圈内通过。当国民党军进入埋伏圈后，黄公略一声令下，隐蔽在草丛中、乱石后的战士们突然发起进攻。敌人猝不及防，根本无法展开有效反击，逃的逃，躲的躲。龙岗一役，黄公略率部队歼敌 9000 人，缴获大批武器装备，张辉瓒也被活捉。

一次次战功让黄公略在红军中威名远扬，同时他也成为了国民党的眼中钉。国民党在全国发布通缉令，捉拿黄公略，悬赏金高达十万大洋，还将他的母亲及妻子扣押在长沙，以此作为要挟。黄公略对于国民党的威胁毫无所动。国民党见“硬的”不行，就来“软的”，找来黄公略的异母长兄带着重金潜入革命根据地，打算利诱黄公略，但也告失败。

不久，蒋介石的第二次“围剿”开始了。总前委经商定，决定由红 3 军担任主攻任务。5 月 15 日，红 3 军抢在敌人之前占领了制高点，为歼敌取得了有利条件。等到上午 10 时，敌将公秉藩才率领第 38 师直属部队赶到。黄公略指挥红 3 军，利用制高点优势，从山头上向敌人部队横压下来，进行猛烈攻击。敌人在红 3 军的攻击下，无法展开有效反击，众多士兵仓皇逃窜，而带头的公秉藩见势头不对，扮成伙夫仓皇逃走。

这之后，红 3 军乘胜追击，在红 4 军的配合下又消灭了王金钰的第 47 师。毛泽东曾赋词一首，赞美这次战斗："白云山头云欲立，白云山下呼声急。枯木朽株齐努力，枪林逼，飞将军自重霄入。"黄公略与红 3 军，因此获得了"飞将军"的美誉。

1931 年 7 月，红军第三次反"围剿"战斗打响。黄公略在胜利结束了方石岭战斗后，率红 3 军来到东固六渡坳。刚经过长途跋涉来到六渡坳的红 3 军，还未来得及进行休整，就见三架敌机呼啸袭来。当时在行军队尾的第 7 师刚刚赶到，黄公略不顾个人安危，一面指挥 7 师隐蔽，一面跃上山坡，指挥机枪对空中扫射。敌机在空中不断盘旋，机枪很难命中，突然，敌机一个俯冲，对山坡上疯狂扫射。前一刻还在指挥战斗的黄公略，突然停止了动作，倒在了血泊之中。牺牲时，黄公略年仅 33 岁。

第二日召开的黄公略追悼会上的一副挽联，对黄公略的一生进行了精准的概括："广州暴动不死，平江暴动不死，如今竟牺牲，堪恨大祸从天降；革命战争有功，游击战争有功，毕生何奋勇，好教后世继君来。"

毛泽覃

毛泽覃是毛泽东的三弟，由于从小受到大哥的影响，成为了坚定的共产主义者。毛泽覃在毛泽东身边学习生活了 5 年，毛泽东对他关爱有加又极为严厉，这为他之后在革命斗争中，不怕苦不怕累，英勇顽强的表现奠定了基础。

1927 年 6 月，湖南马日事变后，中共中央决定成立以毛泽东为书记的新的湖南省委。不久，毛泽覃离开武汉，前往南昌，来到叶挺的 11 军政治部工作，参加南昌起义，后随部队转战于湘赣边界。

1927 年 10 月，毛泽东率领秋收起义部队到达井冈山。之后，朱德、陈毅率领的南昌起义的队伍与毛泽东在井冈山会师，掀开了红军历史上光辉的一页，而毛泽覃正是促成这一次会师的重要联络员。

原来，朱德得知毛泽东到达井冈山后，决定派毛泽覃上井冈山与毛泽东取得联系。毛泽覃接到任务后，立刻乔装改扮秘密向井冈山进发。

毛泽覃身穿国民党军官服，化名覃泽，以国名党军官的身份成功潜入到井冈山附近的茶陵城。当时毛泽东已经成功将井冈山附近的茶陵城攻占，毛泽覃到达时，茶陵的哨兵已经是红军的人，毛泽覃向哨兵证明了自己的真实身份，成功联络到了毛泽东。

毛泽覃不仅是井冈山会师的重要联络人，还是井冈山革命根据地建设斗争中的优秀参与者。1928 年新年刚过，毛泽东、张子清趁国民党正规军都撤回老窝过春节的时候，率领军队一举攻下了井冈山南大门——遂川县城。

红军虽然占领了遂川县城，但问题也随之而来。遂川城里的群众从前总听国民党的特务散播“红军会用烙铁在每个老百姓身上，烙上‘共产党’三个字”的谣言，所以当百姓听闻红军来了，立刻跑的跑，躲的躲，整个城中只剩下一些不能出门的老人。

为了消除老百姓对工农红军队伍的误解，红军按照毛泽东提出的“打仗消灭敌人；打土豪筹款子；做群众工作，帮助群众建立革命政权”的三大任务方针，在城中进行宣传活动。

依靠打土豪，分浮财的方法，宣传活动收到了一定效果，城中百姓对红军的误解也渐渐消除。但是当地群众基础毕竟薄弱，想要开展革命活动仍旧艰难。为了加强农村基层党的建设工作，毛泽东便想把毛泽覃调回井冈山，负责发动群众，在农村建立党的基层组织，进行土地革命的试点工作。

毛泽覃最初听说让他回井冈山开展农村党建工作时，非常不满意。比起政治工作，他更想上战场，与敌人进行殊死战斗。最后还是毛泽东的一句“不懂得农民，就不懂得中国革命”，才让毛泽覃意识到政治工作与军事工作一样重要。于是，毛泽覃回到了井冈山，开展农村党建工作。

毛泽覃回到井冈山后迅速展开了工作，他带着两名武装干部，来到乔林乡，深入到贫苦农民群众之中，与群众一对一的交谈、讲课、宣传革命道理。毛泽覃为人亲切，讲话风趣，又懂得百姓疾苦，受到了群众的欢迎和拥护。

1934 年 10 月，中央红军主力被迫开始长征，毛泽覃负责留下坚持游击战争。1935 年 4 月 25 日，毛泽覃率领部分游击队员来到瑞金县红林山上的黄田坑村，游击队员刚刚结束一场恶战，都疲惫不堪，毛泽覃下令夜宿在村中。谁知，第二天天还没亮，国民党大部队就包围了村子，毛泽覃迅速组织游击队向后山撤离，而他自己跑到一个高地上拿着机枪向敌人扫射，以吸引敌人注意，掩护游击队员撤离。

国民党果真被毛泽覃吸引过去，敌人的子弹如雨点般砸向毛泽覃所在的高地，很快毛泽覃的双腿被子弹击中，鲜红的血液喷涌而出。毛泽覃不顾疼痛，继续端着机枪向敌人阵群中扫射。在他的努力下，游击队员成功撤离了，而他自己终因寡不敌众，被敌人罪恶的子弹击中胸膛，倒在阵地上，再也没有起来，时年 29 岁。

东固革命根据地旧址群

概况

东固革命根据地是第二次国内革命战争时期中国共产党创建的最早的农村革命根据地之一。它是以东固为中心，形成的吉安、吉水、永丰、泰和、兴国五县交界地区的工农武装割据，被毛泽东誉为“李

◎东固平民银行旧址

文林式”的赤色割据，被陈毅誉为“东井冈”。

从 1927 年 9 月到 1929 年 11 月，东固革命根据地经历了创建、巩固、发展三个阶段，全盛时期面积达 2200 平方公里，人口 15 万。1930 年 3 月，赣西临时苏维埃政府成立后，东固开始融入赣西南革命根据地。1931 年 11 月，东固成为中央革命根据地重要组成部分，是赣西南苏区的核心区域和中央苏区的重要战略基地。

东固革命根据地旧址群包括东固平民银行旧址、革命烈士纪念塔、毛泽东旧居、朱德旧居、军民誓师大会会场旧址、红一方面军无线电培训班旧址和红 4 军与红 2、4 团会师旧址。

2009 年，东固革命根据地旧址群被中宣部公布为第四批爱国主义教育示范基地。

东固革命根据地博物馆位于东固畲族乡中心，原名为《第二次反“围剿”陈列馆》。馆址原为东固林业站办公楼，1977 年改作为陈列馆。

2005 年在原馆基础上重新装修布展，馆内陈列着国家级重要革命文物 200 余件，其中珍贵文物 23 件。博物馆集中、系统地反映了东固革命根据的创建和发展历程，展现了东固、赣西南苏区在中国革命史上的重要地位和作用，展现了毛泽东、朱德等老一辈无产阶级革命家和东固、赣西南人民的丰功伟绩。

2009 年 5 月，中共中央办公厅批复将“东固革命根据地博物馆”改

◎东固革命根据地博物馆

扩建为“东固革命根据地纪念馆”。新馆位于江西省吉安市青原区正气路，总投资3100万元，总建设规模为4000平方米。

创建历程

东固是吉安县的一个大镇，下辖几十个大小山村，四周群山环抱，由于离市区路途遥远，因此反动势力鞭长莫及。第一次国共合作期间，这里有很多青年知识分子加入了中国共产党，之后他们积极发展当地农民组织，镇压地主恶霸，使得东固形成了良好的革命基础。

1926年6月，共产党员鄢日新、陈奇涵等陆续回到江西做党的工作。

1927年，在北伐革命影响和吉安党组织的领导下，吉安农民运动蓬勃发展，2月，赖经邦在东固涧东书院成立了第一个党小组领导开展革命运动，并先后成立了九区农协和农民自卫队来开展革命活动，从此揭开了东固地区革命斗争的序幕。

这年冬天，由赖经邦、段起凤率领这支壮大起来的革命武装，开始打土豪、分田地，并把没收来的财物分发给当地群众。受东固革命势力的影响，兴国、吉安、永丰、泰和的工农群众也纷纷起来开展武装斗争。

1928年2月，东固成立了江西工农革命军第3师7纵队，不久又成立了江西工农革命军第7师9纵队。同年9月，7、9纵队合并为江西工农红军独立第 2 团。红 2 团的成立，标志着江西第一支地方工农红军主力部队的诞生。自红 2 团成立后，赣西特委运用这支主力部队，进一步扩大了活动范围。

1928 年 12 月 20 日，红 2 团与 15 纵队会合，中国共产党的地方组织先从敌人的内部做工作，等到时机成熟，主力部队便以隐蔽迅猛的动作压倒敌人，一举攻克了兴国县城。

虽然兴国县城第一次被攻破后，中国共产党并没有在这里建立政权，但经此一役，兴国革命已经由秘密转向公开。反动派看到城内群情激奋，恐慌不已，纷纷逃到赣州，并且不敢贸然回师，这对于兴国革命斗争的展开十分有利。

1929 年 1 月，红 4 军主力在朱德、毛泽东、陈毅率领下，离开井冈山出击赣南。当时红 4 军人生地不熟，国民党军又在后面紧追不舍，地方土豪劣绅也有武装部队，一步走错便有全军覆没的危险。于是，毛泽东决定将部队带到东固，进行休整。

2 月 13 日，红 4 军主力进占宁都县城，17 日抵达东固，与江西红军独立第 2 团、第 4 团会合。

2 月 22 日，红 2、4 团与红 4 军在东固螺坑石古丘河坝上举行了会师大会。当时红 4 军两个团三个营，约三千人。红 2 团三个营，千余人，红 4 团四个连又一特务连，七八百人，还有地方武装。

会师大会后，红 4 军在东固休整了七八天，恢复了士气，弹药得到了补给。4 军在东固休息一周后，在根据地军民帮助配合下，向南进一步开辟新区，并向东进军闽西，同地方红军会合，进一步扩大与巩固闽西苏区。红 2、4 团根据前委意见，一面配合红 4 军战略出击，前往兴国茶岭东村活动，牵制敌人，一面巩固和保卫东固革命根据地。同时，红 2、4 团教导队也先后成立，加强了部队的政治军事训练。这段期间，中国共产党为增添新鲜血液，又吸收了一批优秀分子入党。

中国工农红军北上抗日先遣队纪念馆（碑）

纪念馆（碑）简介

中国工农红军北上抗日先遣队纪念馆（碑）位于江西省怀玉山，占地面积 1.36 万平方米。2009 年，中国工农红军北上抗日先遣队纪念馆（碑）被中宣部公布为第四批全国爱国主义教育示范基地。

主体建筑中国工农红军北上抗日先遣队纪念碑，纪念碑为花岗岩结构，碑高 12.75 米、长 68 米、宽 39.8 米。纪念碑主体结构是根据当年红十军团在怀玉山突围，战斗过的线路而设计的，纪念碑为“八角帽”造型，寓意红十军团的 800 余名英雄烈士像一个巨人长眠在巍峨崔嵬的怀玉山上，让人们缅怀方志敏领导的工农红军北上抗日先遣队

◎红军北上抗日先遣队纪念馆

勇敢顽强的革命精神。

纪念馆布展面积2600平方米，场景陈列主要展示了北上抗日先遣队1934年7月从瑞金出发后，在福州、罗源、竹口、分水关、谭家桥、怀玉山等地的战斗场面。物品陈列主要是先遣队将士枪、望远镜、铜茶壶、衣物等作战生活用品。人物介绍主要展示了方志敏、寻淮洲、粟裕、乐少华、刘英、刘畴西等人率领部队同国民党军进行殊死搏斗的事迹及行军路线图等等。

千里浴血

“九一八”事变后，日军开始大规模入侵中国领土。1934年，日本帝国主义进一步扩大对华北的侵略。而此时，国民党政府不顾全国人民的反对，依然坚持内战，集结重兵对中央苏区进行第五次大规模“围剿”。

在此形势下，中共中央和中央革命军事委员会决定，以红7军团组成红军北上抗日先遣队，立即向闽、浙、皖、赣边区出动，宣传中国共产党的抗日主张，推动全国抗日救亡运动的发展，同时调动与牵制国民党军“围剿”中央苏区的兵力，减轻中央苏区的压力。

红军北上抗日先遣队下辖3个师，共6000余人。1934年7月7日，北上抗日先遣队由瑞金出发，经福建长汀、大田、尤溪，一路打到福州近郊。此后，这支部队相继转战于闽东、闽北、浙江和皖赣边，曾一度攻占罗源、穆阳、庆元等城镇，起到了宣传抗日主张，扩大红军影响的作用。

11月4日，抗日先遣队与红10军合编为红10军团，由方志敏统一领导。由于国民党军“围剿”闽浙赣苏区的步伐不断加紧，11月18日，中共中央决定让红10军团率第20师、第21师转到外线作战，会同第19师在开化、遂安、衢县、常山地区活动，创建浙皖边根据地。

12月10日，红10军团主力在皖南汤口地区与先期到达的19师会

合。此时，国民党军两个多旅的兵力分南、北两路向汤口进逼。14 日，红 10 军团在谭家桥伏击战中失利，第 19 师师长寻淮洲牺牲。

1935 年 1 月中旬，红 10 军团继续向闽浙赣苏区转移。途中遭国民党军绝对优势兵力袭击，部队被截成两段，2000 人的主力部队被合围在怀玉山地区。怀玉山地区主峰高达 1538 米，山势陡峭，食物奇缺，当时又是数九寒天，部队的处境十分险恶。

红 10 军团连日翻山越岭，许多人甚至几天粒米未进，饥寒交迫的现状，使得战士们的身体极度疲乏。但当怀玉山战斗开始后，战士们仍然顽强地击退了敌人一次又一次的进攻。被敌军分割开的红 21 师，在王龙山一带被敌人包围，由于子弹奇缺，抵挡不住密集的火力，许多战士英勇牺牲，师长胡天桃身负重伤，与部分指挥员一同被俘。除在西侧山上担任警卫的 5 连突出重围、重返苏区之外，21 师几乎全军覆没。

红 19 师、20 师被围在怀玉山西北山地和北部的玉峰、马山一带。19 日，红军准备在天黑后突围，结果被敌军 21 旅的一个营发觉，他们集中火力封锁了龙潭山口，红军突围未成。

第二天，红军占据龙潭山坡，居高临下，数次击退了敌人的进攻。国民党 49 师、补充 1 旅、独立 43 旅等纷纷压来，包围圈日益缩小，红军部队不断被分割、冲散，伤亡惨重。24 日，红 19 师师长王如痴指挥数百战士乘黑夜突围，遭敌军阻击，部队再次被打散。

次日，方志敏命部下将集拢起来的指战员重组一个团，退向山顶，一面顽强抵抗，一面继续寻路突围，然而，这支部队又被打散。敌人开始进行密集的搜山行动，分散隐蔽在深山密林中的红军指战员，除少数突围进入赣东北苏区和皖南游击区外，其他不是牺牲就是被俘。

29 日，方志敏在玉山和德兴两县交界处的陇首村封锁线附近的高山上被捕，抗日先遣队自此全军覆没。

在短短的几个月时间里，中国工农红军北上抗日先遣队纵横数千里，转战四个省，沉重地打击了敌人，同时也付出了血的代价，这支队伍的历史功绩理应被世世代代所铭记。

闽浙皖赣革命根据地旧址群

旧址群简介

闽浙皖赣革命根据地（又称赣东北）旧址群位于江西省横峰县葛源镇，这里是第二次革命战争时期，全国著名的六大革命根据地之一。中共闽浙赣省委机关、闽浙赣省苏维埃旧址、省军区司令部旧址、红军五分校旧址、红色列宁公园等一大批革命旧址分布在葛源镇的各个村落里。方志敏等革命先烈在这里创建了红色政权，开创了“两条半枪闹革命”的历史，毛泽东称其为“方志敏式”的革命根据地和“模范的闽浙赣省”。2009年，闽浙皖赣革命根据地旧址群被中宣部公布为

◎中共闽浙赣省委机关旧址

◎闽浙赣省苏维埃政府旧址

第四批全国爱国主义教育示范基地。

中共闽浙赣省委机关旧址占地面积 1000 平方米，大门两边的对联：“坚决执行党的进攻路线，彻底粉碎敌人五次围攻”为红军当年所写，如今仍然清晰可见。大门内是一个小院，院内一排平房，1931 年，方志敏任省委书记时就住在这里，其中设有省委秘书处、组织部、宣传部、妇女部和白区工作部等机构。方志敏当年的办公室兼卧室至今仍然保存完好，甚至连陈设都丝毫未变。屋内有方志敏睡过的四轮架子床，墙壁上还糊着《工农报》和《红色东北报》。

闽浙赣省苏维埃政府原称中共赣东北省委，它的旧址同样位于葛源村，占地面积约 150 平方米，为土木结构楼房。1930 年 10 月，当时的赣东北特委及特区苏维埃政府由弋阳芳家墩迁到此地，1931 年 3 月正式成立赣东北苏维埃政府，1932 年改称闽浙赣省苏维埃政府，并迁址枫林。

中国工农红军学校第五分校旧址在葛源村杨氏宗祠，占地 1200 平方米，室内有门厅、用房及两排对称的 6 个教室。学校的前身为彭杨

◎中国工农红军学校第五分校旧址

军政学校，该校成立于1929年春，1932年按照中央统一编号，定名为中国工农红军学校第五分校。该校自创办起至红军离开根据地北上抗日，共办了8期，培养红军骨干1500余人，方志敏是这所学校的创办人。

根据地概况

1931年2月，以方志敏为首的赣东北特区党、政、军、群领导机关从弋阳迁驻葛源，同年9月成立赣东北省委、赣东北苏维埃政府。

1932年11月，中共闽浙赣省委、省苏维埃政府相继成立。方志敏、邵式平、黄道等革命先辈在此领导了艰苦卓绝的闽、浙、赣、皖四省边界革命斗争，为中国革命谱写下了光辉的一页。

在根据地的10年斗争中，党组织领导边区人民进行了创造性的工作，积累了创建和建设革命根据地的经验。

苏维埃政府内部设有适应需要的各个工作部门，有军事、土地、财政（银行）、劳动、经济、粮食、工农检查、内务、裁判、文化、卫生等部门，具体处理政府各项工作，同时还建立了工会、共青团、贫农团、妇女会、儿童团、互济会、反帝大同盟等群众团体。军队建设形成了正规红军、地方红军、群众武装三位一体的人民武装体系。

在经济建设中，根据地依靠自力更生发展工业，建有兵工厂、织布厂、织袜厂、造纸厂、硝盐厂，同时开设工农商店，设立外贸机构，增加财政收入，保障军费开支。苏区还有许多发明创造，如赣东北苏区发明的地雷战、中国共产党最早创办的卫生学校、最早生产的大炮、最早产生的军乐队等等。

文化建设主要是依托红色俱乐部进行群众性娱乐活动，红军部队则以连队为单位设立列宁室。方志敏亲自创办了中国共产党第一个人民自己的公园“列宁公园”，还出版了多种多样的报刊。

教育方面，闽浙皖赣革命根据地实行全民义务教育和普及教育，列宁小学村村都有，还创办了列宁师范、红色医务学校，女子职业学校等。自 1927 年至 1937 年长达 10 年的革命斗争岁月中，根据地留下革命旧址上百余处，而葛源镇留存的革命旧址就达 50 余处。

方志敏还在此创办了中国工农红军学校第五分校，培养红军军政干部和基层指挥骨干 1500 余人，汪东兴、饶守坤、吴克华等从红五分校走出，成为红军将领、共和国将军、党的领导人。

1996 年 11 月 20 日，闽浙赣省委机关旧址被国务院公布为第四批全国重点文物保护单位后。从 1998 年开始，红军烈士纪念亭、四部一会、列宁公园、红军第五分校、共青团闽浙赣省委、赣东北革命军事委员会等旧址全部得到了修缮。

参考文献

1.刘学民. 中华魂：爱国主义教育基地. 北京：人民日报出版社，2006

2.石存信、段建海、阎树群. 精神丰碑：百个爱国主义教育示范基地巡礼. 西安：陕西人民出版社，2005

3.中共中央宣传部宣传教育局. 中国红色旅游. 沈阳：辽宁教育出版社，2008

4.北京支部生活杂志社. 90 年中人与事——红色纪念馆的诉说. 北京：北京人民出版社，2001

5.中共中央宣传部宣传教育局. 第三批全国爱国主义教育示范基地巡礼. 北京：北京学习出版社，2009

6.中共中央宣传部宣传教育局. 第四批全国爱国主义教育示范基地巡礼. 北京：北京学习出版社，2009